Vittorio Tessera

Lambretta
TV/LI
Prima serie
Series 1

Storia, modelli e documenti - *History, models and documentation*

Testi in collaborazione con - *Texts in collaboration with* **Aldo Benardelli**

GIORGIO NADA EDITORE

Giorgio Nada Editore Srl

Coordinamento editoriale/Editorial manager
Leonardo Acerbi

Redazione/Editorial
Giorgio Nada Editore

Impaginazione/Layout
Aimone Bolliger

Copertina/Cover
Sansai Zappini

© 2018 Giorgio Nada Editore, Vimodrone (Milano)

TUTTI I DIRITTI RISERVATI
All rights reserved. Apart from any fair dealing for the purpose of private study, research, criticism or review, no part of this publication may be reproduced, stored in a retrieval system, or transmitted, by any means, electronic, electrical, chemical, mechanical, optical photocopying, recording or otherwise, without prior written permission.
All enquiries should be addressed to the publisher:

Giorgio Nada Editore
Via Claudio Treves, 15/17
I – 20090 VIMODRONE MI
Tel. +39 02 27301126
Fax +39 02 27301454
E-mail: info@giorgionadaeditore.it
http://www.giorgionadaeditore.it

Allo stesso indirizzo può essere richiesto il catalogo di tutte le opere pubblicate dalla Casa Editrice.

The catalogue of Giorgio Nada Editore publications is available on request at the above address.

Distribuzione:
Giunti Editore SpA
via Bolognese 165
I – 50139 FIRENZE
www.giunti.it

LAMBRETTA TV/LI
ISBN: 978-88-7911-715-9

Ringraziamenti
Un sentito ringraziamento va al Centro per la Cultura d'Impresa di Milano per la grande disponibilità concessa nel ricercare le immagini Lambretta nel loro vastissimo archivio storico industriale. Grazie al loro competente lavoro è stato possibile realizzare questo volume con fotografie preziose e inedite. Queste immagini provengono dallo studio del Dott. Zabban, fotografo della Innocenti dal 1957 al 1968, che ha gentilmente donato tutto il suo archivio al Centro per la Cultura di Impresa.

Desidero ringraziare inoltre tutte le persone che mi hanno aiutato nella ricerca della documentazione storica: Cola Gianpiero, Froschen Markus, Lenning Stuard, Pastore Marino.

E, per finire, un infinito ringraziamento alla famiglia Innocenti, che mi ha sempre sostenuto nella mia opera di ricerca, mi ha dato la possibilità di utilizzare l'archivio storico Innocenti e ha contribuito in maniera sostanziale alla creazione del museo Scooter&Lambretta.

Acknowledgements
My sincere thanks go to the Centre for Business Culture in Milan for the great assistance received in researching Lambretta images in their vast industrial history archive. Thanks to their competence we have been able to illustrate this book with invaluable and previously unpublished photographs. These images come from the studio of Dr. Zabban, the Innocenti photographer from 1957 to 1968 who generously donated his archive to the Centre for Business Culture.

I would also like to thank all those who helped in the historical documentation research: Cola Gianpiero, Froschen Markus, Lenning Stuard, Pastore Marino.

Last but not least, infinite thanks go to the Innocenti family; they have always supported my research, given me the opportunity to use the Innocenti archive and made a substantial contribution to the creation of the Scooter&Lambretta museum.

Stampa/Printing
Lito Terrazzi - Iolo (Prato)
Settembre/September 2018

TV/LI

Indice Index

Italian	Page	Page	English
Perché nasce la Lambretta 175 TV	4	5	The background to the Lambretta 175 TV
Progettazione e sviluppo della TV	10	11	TV Design and development
Produzione di serie 175 TV1	18	19	Mass production of the 175 TV1
Tecnica 175 TV	30	31	175 TV Mechanical Design
Pubblicità 175 TV	36	37	175 TV advertising
Progettazione e sviluppo 150 LI	40	41	150 LI Design and development
150 LI Produzione di serie	52	53	Mass production of the 150 LI
Tecnica 125-150 LI	62	63	Engineering 125-150 LI
Saloni e fiere	68	69	Shows and trade fairs
Pubblicità 150-125 LI	72	73	Advertising the 150-125 LI
Foto pubblicitarie di Roberto Zabban	80	81	Promotional photos by Roberro Zabban
Raduni e manifestazioni	86	87	Rallies and events
Gli accessori	92	93	The accessories
Personaggi famosi	100	101	Famous people
Lo stabilimento Innocenti	106	107	The Innocenti Factory
Il negozio di Milano	110	111	The Lambretta shop in Milan
Contratti di vendita	112	113	Sales contracts
Note sui numeri di telaio e di motore	118	119	Notes on frame and engine numbers

Perché nasce la Lambretta 175 TV

Per iniziare questa storia bisogna partire da un'altra storia che, purtroppo, a molti Lambrettisti non farà di certo piacere. Siamo agli inizi del 1955 ed il mercato scooteristico italiano è dominato ormai solo da due grandi industrie, moderne ed efficienti: Innocenti e Piaggio.

Pur producendo entrambe scooter di destinazione popolare e di grande diffusione, la loro personalità era decisamente molto diversa. Innocenti aveva dato uno spirito più sportivo ed aggressivo alla sua Lambretta, mentre la Piaggio aveva puntato sul confort di guida a discapito di prestazioni più modeste.

In pratica si può dire che la Lambretta era più vicina ai gusti maschili mentre la Vespa era più vicina a quelli femminili. Sembrava quasi che, per un tacito accordo tra le due potenze industriali italiane, ci si fosse messi d'accordo per dividersi il business scooter "senza pestarsi i piedi".

E così andarono le cose fino alla fine del 1954 quando, con una mossa a sorpresa, la Piaggio presentò l'incredibile Vespa 150 GS che stravolse ogni regola del buon convivere e trasformò la pacifica Vespa in una vera macchina da guerra. Veloce, potente, stabile, pronta a dare battaglia non solo agli altri scooter, ma anche alla maggior parte delle motociclette della sua cilindrata. Con una velocità di punta di oltre 100 km/h, un cambio a quattro marce, ruote da 10 pollici ed una carrozzeria aerodinamica e sovradimensionata, la Vespa 150 GS diventò immediatamente lo scooter di riferimento sul mercato mondiale. Certamente un duro colpo per l'Innocenti, difficile da digerire e altrettanto difficile da controbattere!

Inizialmente si pensò subito di creare un modello che potesse ripetere le scelte vincenti della Piaggio, sviluppando il tradizionale motore ad albero e coppie coniche, con un nuovo gruppo termico posizionato trasversalmente al telaio. Una scelta relativamente semplice che sarebbe stata pronta in pochi mesi ed avrebbe parzialmente parato il duro colpo della 150 GS.

Fortunatamente non andò così e la direzione commerciale dell'Innocenti decise che sarebbe stato meglio fare un'attenta analisi del mercato scooteristico

Un bell'esemplare in perfetto stato di conservazione di una TV seconda versione, con la griglia clacson smontabile e con ancora i registri freno anteriore/frizione al manubrio (non funzionati, in quanto bloccati in fabbrica).

A fine example in perfect condition of the second version of the TV with the removable horn grille and the front brake and clutch adjusters still fitted (albeit non-functioning having been locked at the factory).

The background to the Lambretta 175 TV

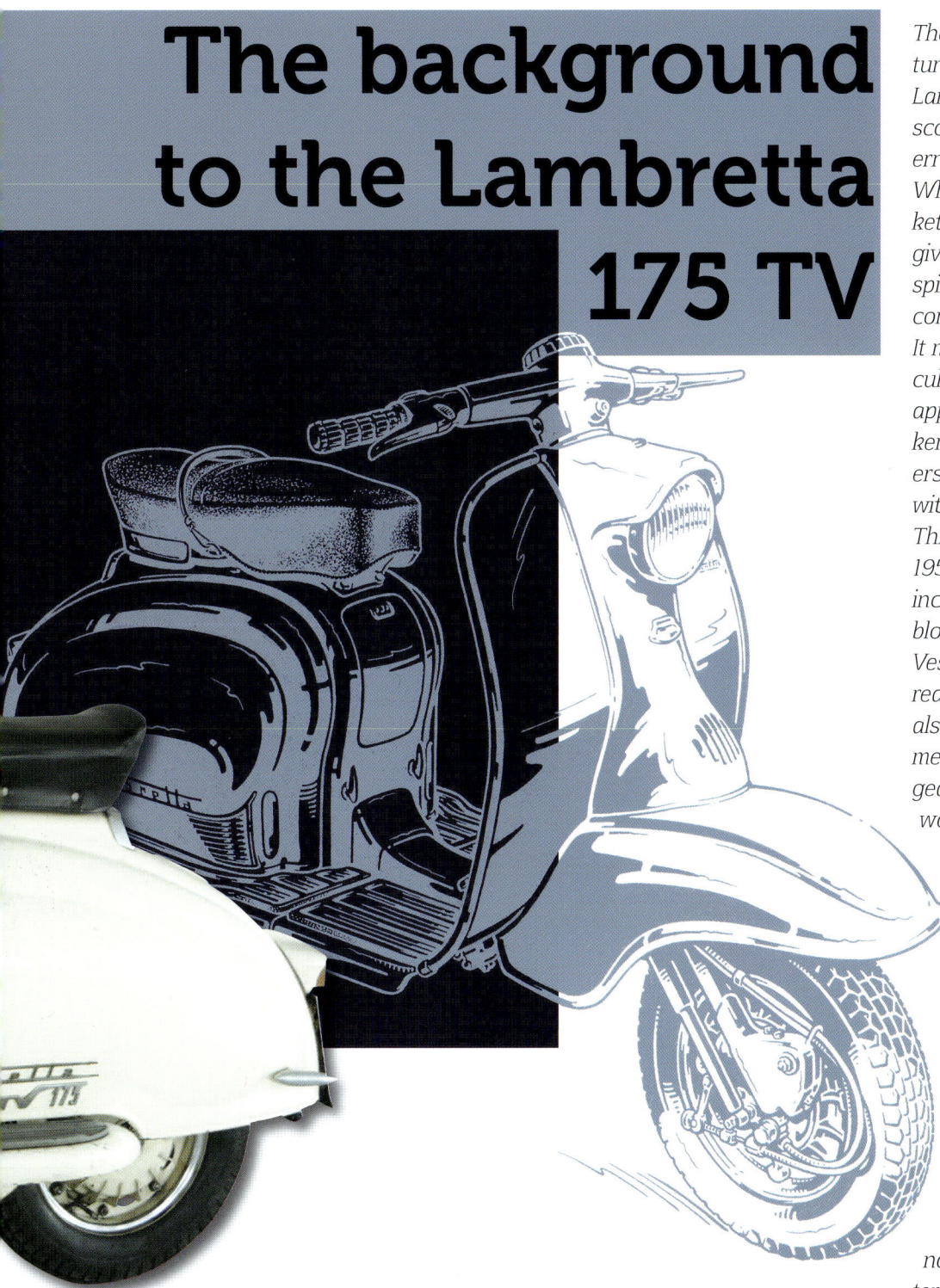

The origins of this story lie in another story that unfortunately will hardly make pleasant reading for many Lambrettisti. It was back in early 1955 and the Italian scooter market was dominated by just two large, modern and efficient companies: Innocenti and Piaggio. While both were producing scooters for the mass market, their approaches were very different. Innocenti had given its Lambretta a more sporting, more aggressive spirit, whereas Piaggio had focused on comfort and convenience at the expense of performance.

It might be said that the Lambretta was closer to masculine tastes while the Vespa had more of a feminine appeal. It was almost as if there had been some unspoken agreement between the two Italian industrial powers that divided the scooter business between them without stepping on one another's toes.

Things continued in this vein through to the end of 1954 when, in a surprising move, Piaggio presented the incredible Vespa 150 GS that dealt a sledgehammer blow to this tacit accord and transformed the pacific Vespa into a true competitor. Fast, powerful, stable and ready to do battle not only with the other scooters, but also the majority of motorcycles of a similar displacement. With a top speed of over 100 kph, a four-speed gearbox, 10" wheels and aerodynamic, oversized bodywork, the Vespa 150 GS immediately became the scooter of reference on the global market.

It was certainly a cruel blow for Innocenti, one difficult to digest and just as difficult to counter!

Initially the firm considered producing a model that would reprise the choices that had made the Piaggio so successful, developing the traditional engine with its driveshaft and pinion set, with a new cylinder and combustion chamber unit mounted transversally in the frame. A relatively simple project that would have been ready in just a few months and would have at least partially fended off the attack of the 150 GS.

Fortunately, things did not turn out that way as Innocenti sales department decided that it would be better to conduct a careful analysis of the international

internazionale, per poter individuare quale fosse il futuro prossimo dello scooter e quali esigenze dovesse soddisfare un nuovo modello.

Questo grande lavoro di ricerca, che oggi è più che normale, fu di un'importanza strategica assoluta e portò l'Innocenti sulla retta via, condizionando la futura produzione lambrettistica per oltre un decennio.

Ma cosa chiedeva il mercato all'Innocenti? Uno scooter adulto, di dimensioni importanti, con un motore potente ma affidabile sulle lunghe distanze e con un confort di guida simile a quella di un'autovettura. Non quindi un mezzo economico e minimale ma uno scooter forte e sicuro come una vera auto, destinato a viaggiare in piena sicurezza per le strade di tutto il mondo.

L'ingegner Pier Luigi Torre raccolse immediatamente la sfida e si mise subito all'opera, coinvolgendo tutto lo studio tecnico sotto le sue dirette dipendenze. La sua idea era quella di progettare uno scooter completamente innovativo che si staccasse dai vecchi modelli ad albero, e che fosse d'ispirazione per tutta la futura produzione Innocenti.

Per Torre doveva essere la punta di diamante, il completamento di un percorso progettuale iniziato nel 1945 che gli aveva regalato tante soddisfazioni e riconoscimenti. E così quello che doveva essere un nuovo scooter, ma solo uno scooter, diventò per Torre una prova d'orgoglio e di tecnica sopraffina, elementi che si sarebbero poi scontrati con le dure leggi del mercato. Un super scooter, certo, ma se per assemblarlo era necessario un team di ingegneri nucleari, lo scooter sarebbe stato troppo super ed il prezzo anche!

Posso solo immaginare le discussioni che ci siano state nello sviluppo del progetto, tra la Direzione Commerciale ed il Centro Studi; quante volte Torre avrà decantato le qualità della sua nuova Lambretta, i suoi innumerevoli pregi, le raffinatezze costruttive, scontrandosi con le esigenze più pratiche del mercato che richiedevano un nuovo modello dalle caratteristiche più semplici e razionali.

Purtroppo non eravamo presenti a quelle animate discussioni e non possiamo dire come veramente andarono le cose; comunque il fatto è che Torre, grazie anche al suo carattere fermo e deciso, riuscì a convincere tutti della bontà del suo progetto e la nuova super Lambretta venne approvata per la sua costruzione e commercializzazione.

Fu così che il 10 aprile 1957, presso il nuovo negozio Innocenti di piazza San Babila a Milano, venne presentata la Lambretta 175 TV (Turismo Veloce), un modello completamente nuovo che cambiava in maniera radicale la tradizionale disposizione con cilindro verticale con trasmissione ad albero e coppie coniche.

Il nuovo motore era ora a cilindro orizzontale, dotato di un cambio a quattro marce ad immediata selettività e con la trasmissione del moto a catena e ingranaggi. Una completa rivoluzione che colse tutti di grande sorpresa, compresi i tecnici della Piaggio che rimasero sbalorditi da tanta tecnica così raffinata.

A questo punto però è interessante analizzare il mercato scooteristico internazionale per capire le scelte produttive delle due grandi Case italiane.

Nella seconda metà degli anni Cinquanta il mercato scooteristico europeo subì in vistoso calo in favore di una maggiore crescita del settore automobilistico. In Germania la Volkswagen, così come la 2 CV in Francia, cominciarono a rubare il mercato al settore scooteristico perché i prezzi delle autovetture erano molto competitivi, oltre al fatto che il crescente migliorare dei livelli di qualità della vita dava la possibilità ad un vasto blico di avvici alla tanto so automobile, bolo di ricche e di benesser

La famosa Vespa 150 GS prima versione del 1955, capostipite di una fortunata serie di modelli sportivi che resero celebre la Piaggio in tutto il mondo. Di questi modelli furono costruite cinque serie fino al 1961, quando fu introdotta la 160 GS.

The first version of the famous Vespa 150 GS from 1955, the first in the successful series of sporting models that made Piaggio famous throughout the world. Five series of these models were constructed through to 1961, whent he 160 GS was introduced.

TV/LI

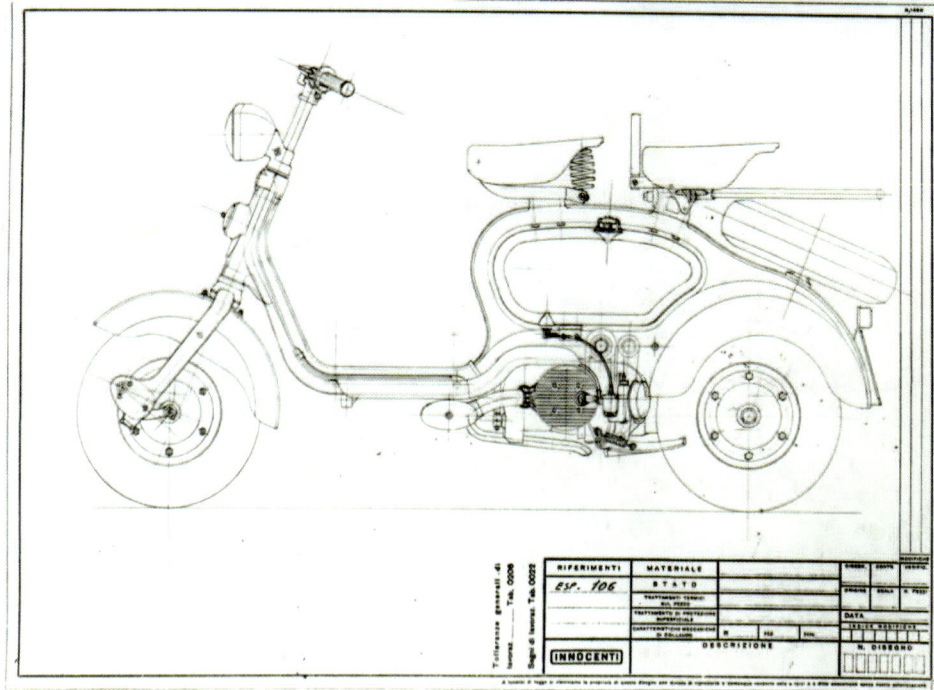

Prospetto laterale di un progetto studiato nel 1956 per semplificare la trasmissione ad albero della 150 D-LD. In questo caso il motore è posto trasversalmente per eliminare una coppia conica e il cilindro è sdraiato su un lato per incrementare lo spazio per il serbatoio e il bauletto porta oggetti.

Side view of a design from 1956 simplifying the shaft drive of the 150 D-LD. In this case the engine is installed transversally to eliminate the bevel gears and the cylinder is laid to one side to increase the space for the tank and the glovebox.

scooter market, in order to identify the scooter of the near future and the demands a new model would be required to satisfy.

This in-depth research, which would be perfectly normal today, was of absolute strategic importance and pointed Innocenti in the right direction, conditioning the Lambretta output for over a decade.

What was it that the market wanted from Innocenti? An adult scooter, with significant dimensions, with a powerful but reliable engine and with driving comfort that would come close to that of a car. Not so much an economical and minimal means of transport, but a scooter as powerful and safe as a true car, ready to travel happily on roads throughout the world.

Ingegner Pier Luigi Torre immediately took up the challenge and set to work, calling in the entire technical department under his direct supervision. His idea was that of designing a completely innovative scooter that would break away from the old shaft-drive models and that would inspire Innocenti's future output.

For Torre this was to be the jewel in his crown, the completion of a design career that had begun in 1945 and had brought him great success and recognition. What was supposed to have been a new scooter, but just a scooter, became for Torre a question of pride and refined engineering, elements that would then come up against the harsh realities of the market. A super scooter, certainly, but if you needed a team of nuclear engineers to assemble it, both the scooter and its price tag would have been a little too super!

I can only imagine the arguments between the Sales Department and the R&D centre there must have been during the development of the project; how often Torre would have sung the praises of his new Lambretta, of its innumerable qualities, of its engineering sophistication, clashing with the more practical demands of the market which required a new model with simpler and more rational characteristics.

Unfortunately, there was no fly on the wall during those discussions and we cannot say quite how things panned out; however, thanks in part to his determined,

Questo spostamento verso l'auto era più che prevedibile perché coloro che si erano avvicinati allo scooter non erano veri motociclisti ma persone normali che avevano bisogno un mezzo per muoversi, per andare al lavoro o portare la famiglia in vacanza. Per cui lo scooter diventava un ripiego, non certo il punto di arrivo di questo grande bacino di utenti. Nel momento in cui l'autovettura avesse raggiunto un prezzo abbordabile, la maggior parte di questa clientela si sarebbe immediatamente spostata verso il nuovo mercato a quattro ruote.

Quindi quale doveva essere il futuro dello scooter? Trasformarsi in autovettura o continuare a migliorare le prestazioni, l'efficienza ed il confort? Anche in questo caso le due Case italiane si divisero e presero due strade ben distinte. Piaggio preferì non seguire il successo della 150 GS ma scelse di minimizzare i suoi scooter di punta creando la serie VNA e VNB, scooter di moderate dimensioni e con presentazioni decisamente modeste.

Innocenti invece credeva ancora in un mercato ricco ed esigente e creò la serie LI, direttamente derivata dalla TV, che si proponeva con modelli di grandi dimensioni, perfettamente equipaggiati e adatti agli usi più estremi. Una scelta vincente, che portò l'Innocenti ad essere decisamente superiore all'acerrimo nemico Piaggio e che, fino al successivo debutto della Vespa 150 GL, dovrà accontentarsi di fare da scomoda seconda.

Nei mercati asiatici invece la scelta della Piaggio fu vincente in quanto, in questi Paesi, era più importante la semplicità costruttiva rispetto alle sofisticate caratteristiche tecniche della Lambretta. In quella remota parte del mondo il livello culturale era molto basso ed un mezzo di trasporto semplice ed essenziale rappresentava l'unica soluzione per avere successo, oltre a consentire l'allestimento di produzioni su licenza a costi contenuti.

A dir la verità però Innocenti non aveva abbandonato del tutto la progettazione di scooter più economici, direttamente derivati dalla 150 D. Erano stati studiati diversi modelli semplici ed essenziali da mettere in commercio in quei Paesi orientali dove il mercato era sì in grande ascesa, ma solo per veicoli di basso costo come l'Honda Super Cub, mattatore indiscusso in tutto il mercato asiatico.

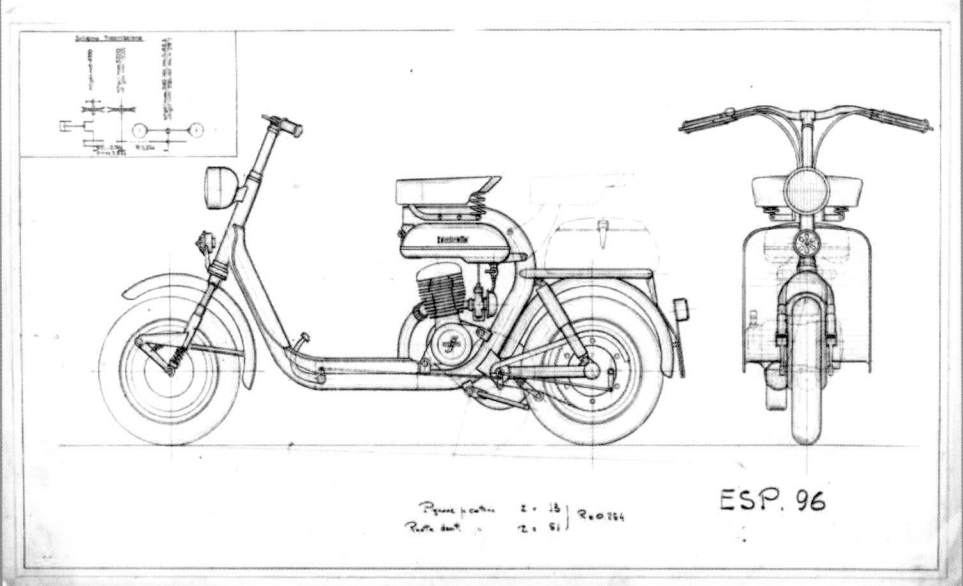

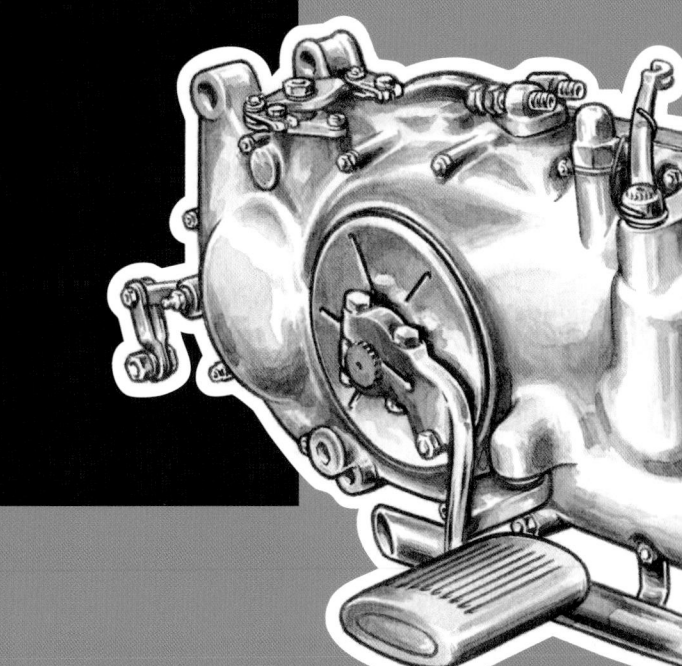

Studio per un modello particolarmente economico da vendere sui mercati asiatici; in questo caso la trasmissione è mista ingranaggi/catena, con un forcellone oscillante di derivazione motociclistica.

Design for a particularly economical model to be sold in the Asian markets; in this case the transmission is a combination of gears and a chain, with swinging arm of motorcycle derivation.

TV/LI

Splendida rappresentazione del motore 175 TV dell'artista Loiacono, disegnatore della Innocenti specializzato nella realizzazione di tutti i disegni pubblicitari Lambretta, in collaborazione con Binda e Ceriani, altri due maestri del disegno industriale.

A splendid representation of the 175 TV engine by the artist Loiacono, an Innocenti draughtsman, specialising in the creation of all the Lambretta advertising drawings, in collaboration with Binda and Ceriani, another two masters of industrial design.

decisive character, Torre managed to convince everyone of the validity of his project and construction and distribution of the new Super Lambretta was approved. So it was that on the 10th of April 1957 the new Innocenti shop on Milan's Piazza San Babila saw the presentation of the Lambretta 175 TV (Turismo Veloce), a completely new model that radically changed the traditional configuration with a vertical cylinder and shaft and bevel gear transmission.

The new engine had a horizontal cylinder and was mated to a four-speed constant mesh gearbox with the power transmitted via a chain and gears. A complete revolution that caught everyone napping, including the Piaggio engineers who were stunned by so much sophisticated technology.

At this point, however, it is interesting to take a look at the international scooter market in order to understand the production decisions taken by the two Italian majors.

In the second half of the 1950s, the European scooter market saw a significant decline in favour of growth in the car sector. In Germany, the Volkswagen, like the 2 CV in France, began to erode the scooter market because the prices of the cars in question were very competitive and together with the continuing improvement in living standards gave increasing numbers of people the opportunity to crown their dream of owing a car, that symbol of wealth and well-being.

This shift towards the car was anything but unpredictable because those who had opted for scooters were not hardened motorcyclists but ordinary people who needed a means of getting around, getting to work or taking the family on holiday. The scooter was therefore something of a stop-gap rather than a conquest for this large group of users. As soon as the prices of cars had dropped to a level that was accessible, most of these clients would have immediately been lost to the new four-wheeled market.

What therefore did the future hold for the scooter? A transformation into a car or continued improvements to performance, efficiency and comfort? In this case too, the two Italian firms found themselves taking two very different paths. Piaggio preferred to not to follow up the success of the 150 GS but instead decided to minimize its flagship scooters, creating the VNA and VNB series of moderately sized scooters with decidedly modest performance. Innocenti instead still believed in a rich and demanding market and introduced the LI series, directly derived from the TV, which featured large, lavishly equipped models well-suited to the most extreme uses. This proved to be a winning choice that led Innocenti to establish a clear superiority over its arch-rival Piaggio, which at least until the debut of the Vespa 150 GL, had to settle for being second best.

On the Asian markets, however, Piaggio had a distinct advantage as in those countries what counted was engineering simplicity rather than the sophisticated technical features of the Lambretta. In that remote part of the world, a simple and straightforward means of transport represented the only path to success and had the advantage of facilitating low-cost production under license.

In truth, however, Innocenti had not wholly abandoned the design and production of more economical scooters directly derived from the 150 D. Various simple, basic models were designed to be put into production in those Eastern countries with expanding markets for low-cost vehicles such as the Honda Super Cub, the undisputed king of the entire Asian market.

Progettazione e sviluppo della TV

Come abbiamo già accennato la nascita della TV segna una pietra miliare nella storia della Lambretta rappresentata inoltre da una linea di confine tra i due periodi costruttivi. Il primo dal 1947 al 1958, con i modelli a cilindro verticale, tre marce e trasmissione ad albero; il secondo dal 1957 al 1971, con i modelli a cilindro orizzontale, quattro marce e trasmissione a catena.

Con la TV nasce una nuova era di scooter, di concezione avveniristica e che saprà imporsi anche dopo la chiusura dell'Innocenti. Infatti la maggior parte degli scooter moderni adotterà lo schema costruttivo della TV: telaio in tubi di grande sezione e motore ad andamento orizzontale con trasmissione laterale (in questo caso a cinghia al posto della catena).

Inizialmente il progetto nasce con la cilindrata di 150 cc, come per la Vespa GS, per poi aumentare a 175 per due precise ragioni. La prima, e più importante, era quella di superare la Vespa, mentre l'altra era di avvicinarsi alle cubature dei possenti scooter tedeschi ed inglesi, che avevano già in listino modelli con cilindrata di 175 e 200 cc.

Le caratteristiche fondamentali di questo nuovo progetto dovevano essere le seguenti: carrozzeria ampia e confortevole per uso con due persone, motore potente e affidabile, freni e ruote maggiorate per una piacevole sensazione di sicurezza e stabilità. In pratica uno scooter moderno ed efficiente adatto ad un pubblico maturo e particolarmente esigente che doveva essere la punta di diamante della produzione Innocenti, divenendo così un oggetto ambito e prestigioso.

Se per la carrozzeria le forme ripresero a grandi linee i modelli precedenti (a parte il parafango fisso al posto di quello girevole), al motore venne riservato uno studio completamente nuovo che introdusse, per la prima volta, la trasmissione a catena al posto di quella ad albero.

Ed è nella trasmissione che vengono adottate le soluzioni più esclusive; prima fra tutte un sistema di limitazione di coppia per addolcire gli strappi durante la marcia, poi un innovativo cambio di velocità a quattro marce con innesti immediati ed infine una catena duplex ad alta resistenza.

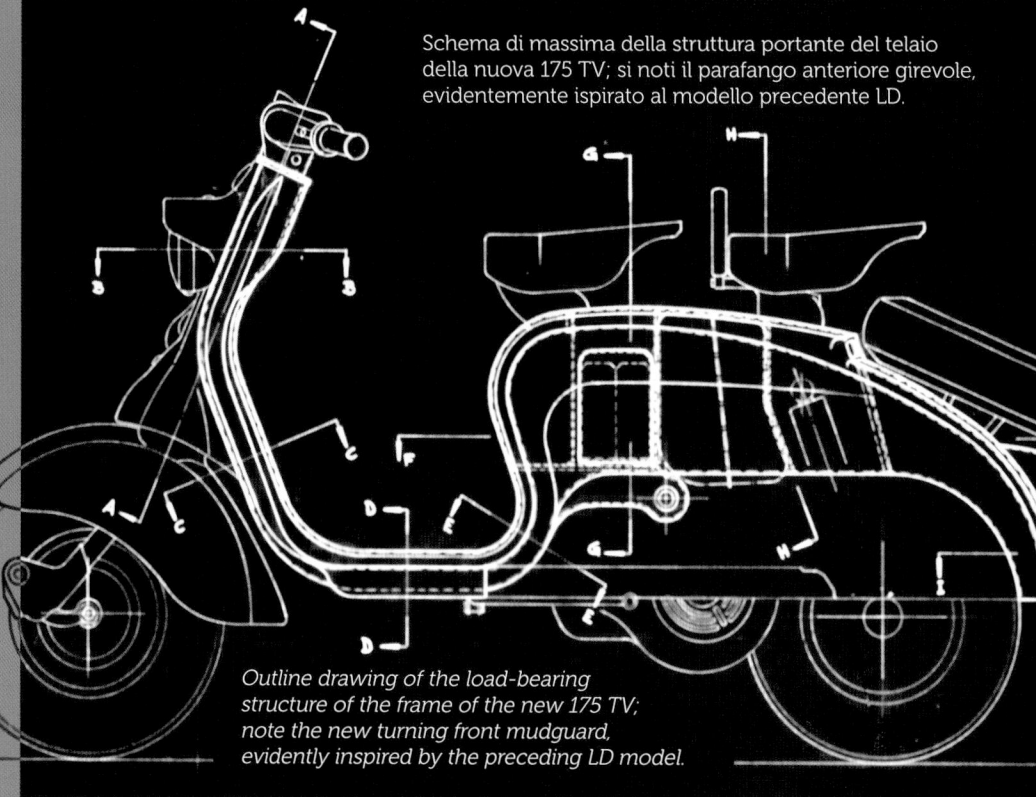

Schema di massima della struttura portante del telaio della nuova 175 TV; si noti il parafango anteriore girevole, evidentemente ispirato al modello precedente LD.

Outline drawing of the load-bearing structure of the frame of the new 175 TV; note the new turning front mudguard, evidently inspired by the preceding LD model.

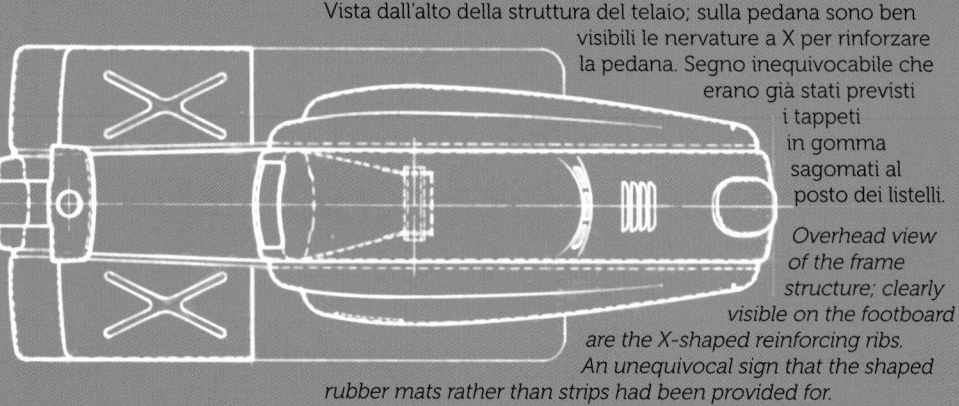

Vista dall'alto della struttura del telaio; sulla pedana sono ben visibili le nervature a X per rinforzare la pedana. Segno inequivocabile che erano già stati previsti i tappeti in gomma sagomati al posto dei listelli.

Overhead view of the frame structure; clearly visible on the footboard are the X-shaped reinforcing ribs. An unequivocal sign that the shaped rubber mats rather than strips had been provided for.

TV/LI

TV Design and development

As we have already mentioned, the birth of the TV was a milestone in the Lambretta story and represented the drawing of a line between two the production periods. The first, from 1947 to 1958, with the models featuring a vertical cylinder, three gears and shaft drive, the second from 1957 to 1971, with models characterised by a horizontal cylinder, four speeds and chain transmission. With the TV a new era of futuristic scooters was born that even managed to survive the closure of Innocenti. In fact, the majority of modern scooters adopted the engineering configuration of the TV: a frame in large section tubes, horizontal engine with lateral transmission (albeit with a belt rather than a chain).

Initially, the project was conceived with a displacement of 150 cc, as with the Vespa GS, which was then increased to 175 cc for two precise reasons. The first and most important was that of outdoing the Vespa, while the second was to allow the TV to compete with scooters from the German and British manufacturers who already had models with capacities of 175 and 200 cc.

The fundamental characteristics of this new project were to be as follows: extensive bodywork that would be comfortable for two people, a powerful and reliable engine, larger brakes and wheels for a reassuring sensation of safety and stability. In short, a modern, efficient scooter suitable for a mature and particularly demanding clientele that was to be the diamond tip of the Innocenti range, a sought-after and prestigious model.

While the lines of the bodywork generally reprised the styling of the earlier models (with the exception of the fixed rather than the turning mudguard), the engine was completely revised, with chain transmission replacing the shaft drive for the first time.

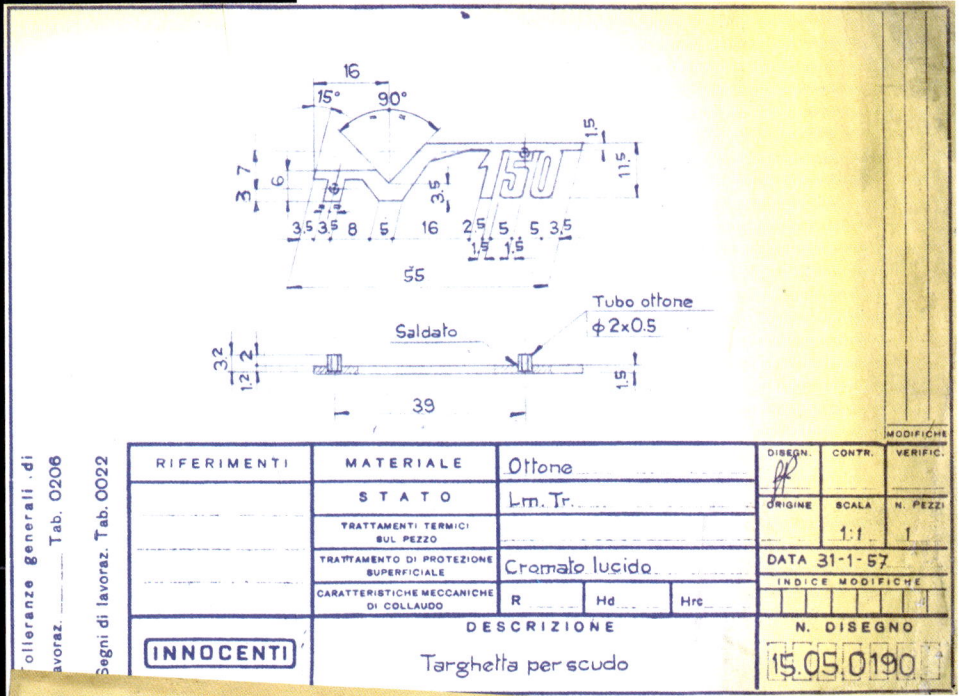

Un interessante documento originale che elenca alcune parti grezze che arrivavano da fornitori esterni. Molto importante il titolo del foglio con "TV 150 cc Sport" che prova la scelta iniziale della cilindrata di 150 al posto della definitiva 175.

An interesting original document that lists a number of part-finished components from third-party suppliers. The title of the drawing "TV 150 cc Sport" is very important as it highlights the initial choice of the 150 cc displacement rather than the definitive 175.

Ma torniamo indietro qualche mese, per conoscere più a fondo come si era arrivati a progettare quel tipo di motore.

Nel 1956 il Centro Studi Innocenti era perfettamente a conoscenza che il loro classico motore a coppie coniche era ormai arrivato al suo sviluppo massimo, andare oltre avrebbe portato ulteriori complicazioni e costi eccessivi. Ed è in questo clima di rinnovamento che l'ingegner Torre, coadiuvato dal team tecnico, iniziò un grande lavoro di studio per progettare una nuova unità motrice che sarebbe servita a motorizzare la produzione Lambretta dei successivi dieci/quindici anni.

Le idee certo non mancavano e, nel volgere di pochi mesi, molti progetti vennero sviluppati con diverse soluzioni tecniche, allo scopo di avere un ventaglio completo

Un altro schizzo per lo sviluppo del futuro motore che avrebbe dovuto equipaggiare la nuova Lambretta. In questo caso la trasmissione era completamente a ingranaggi mentre il resto era disposto in maniera simile al progetto a fianco.

Another sketch for the development of the future engine that was due to equip the new Lambretta. In this case the transmission was an all-gear set-up while the rest was arranged in a manner similar to the project alongside.

Più complicato di così non si può! Guardando attentamente il disegno complessivo si rimane stupiti dalla complessità meccanica di questo esperimento; fortunatamente non fu costruito anche se i numeri su ogni pezzo indicano una fase molto vicina alla produzione in serie.

It could hardly be more complicated! Looking carefully at the general drawing one is stunned by the mechanical complexity of this experiment; fortunately it was never built although the numbers on each piece indicate that it had reached a phase very close to serial production.

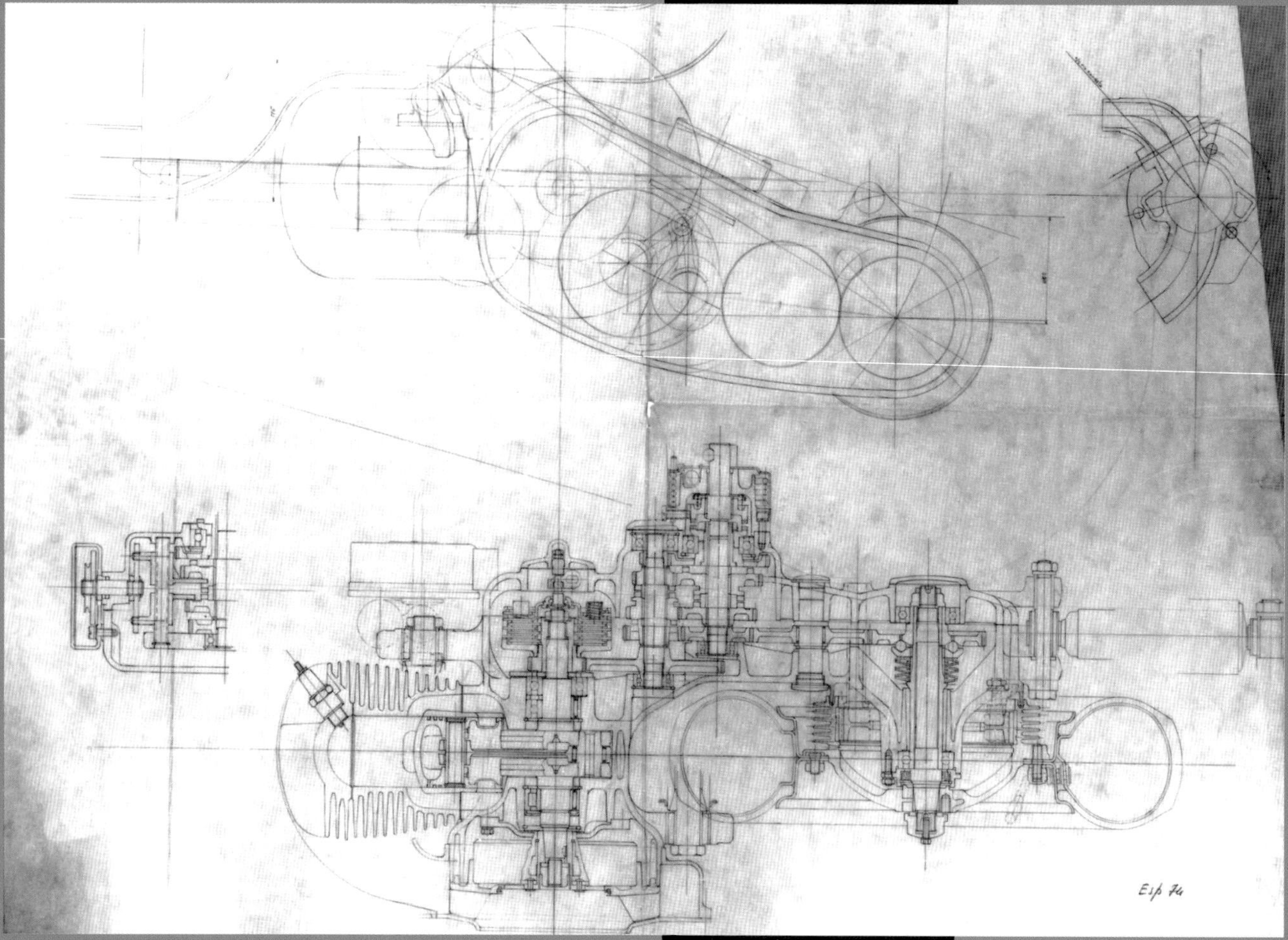

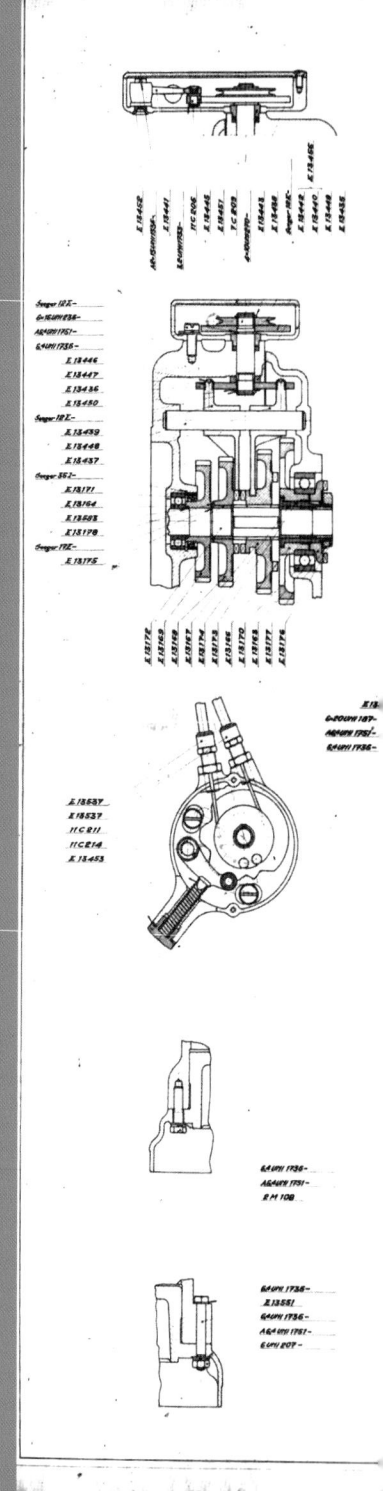

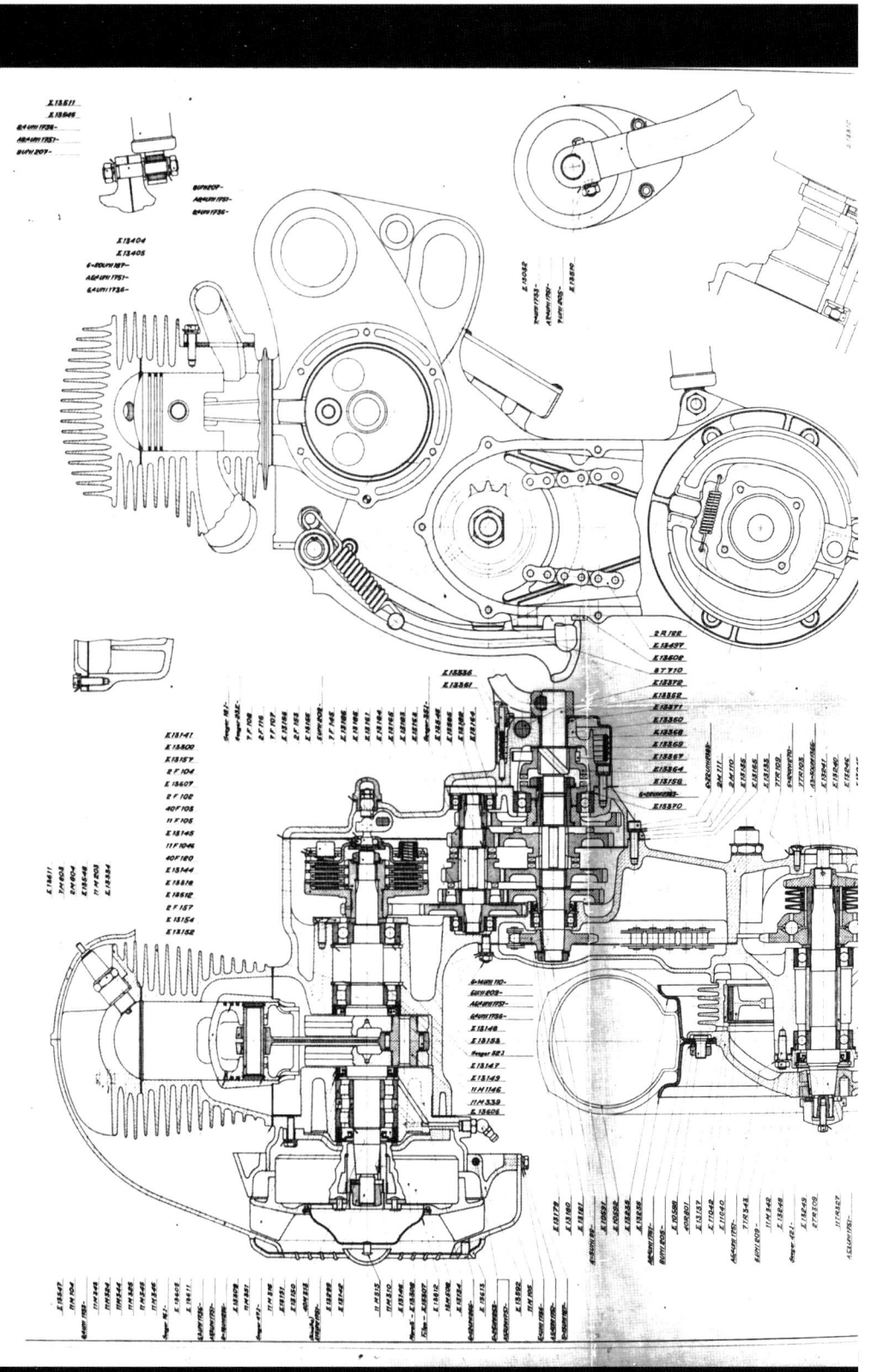

TV/LI

The transmission in fact boasted the most exclusive features; first and foremost a torque limiting system to smooth out snatching on the move, and then an innovative four-speed gearbox with constant mesh gears and a high-strength duplex chain.

However, we need to go back a few months to explore how the engineers came to design this kind of engine. In 1956, the Centro Studi Innocenti was well aware that their classic bevel-gear engine had reached the limit of its development potential, going further would have led to further complications and excessive costs.

It was within this climate of renewal that Ingegner Torre, assisted by his technical team, began work on the design of a new engine that would go on to power the Lambrettas of the next 10 to 15 years.

There was certainly no lack of ideas and within just a few months numerous projects were developed with diverse technical features in order to prepare a range of proposals from which the future production model would be chosen.

Leafing through the historical archive, I was struck by the great variety of ideas and research that characterised this particular period in the history of the Lambretta. They really did explore every avenue, especially in the area of the final drive, both a curse and a blessing in the early models with bevel gears. There are models with chain and gear transmission, others with just gears or just a chain. The various clutch position options were also analysed: on the drive shaft, in the middle or at the end of the transmission line. No possible solution was ignored as the engineers sought a happy compromise between feasibility and production costs.

In the end it was Torre's idea that prevailed: an engine with a horizontal cylinder and chain and gears transmission with a torque limiter and a four-speed gearbox. Highly sophisticated engineering and high tech features but with elevated costs that subsequently proved to be unacceptable for a popular scooter such as the Lambretta.

On the chassis side, the initial TV project made a clean break with the Innocenti tradition, with the design of a

di proposte da scegliere per la futura produzione in serie. Sfogliando l'archivio storico sono rimasto molto colpito dalle grande varietà di idee e studi che hanno caratterizzato questo particolare momento della storia della Lambretta. Le hanno provate davvero tutte, specialmente nel campo della trasmissione finale, croce e delizia dei primi modelli a coppie coniche. Ci sono modelli con trasmissione a catena ed ingranaggi, solo ingranaggi, solo catena. Per la frizione si analizzarono tutte le posizioni possibili: sull'albero, a metà trasmissione, a fine trasmissione. Non venne tralasciata alcuna soluzione possibile, cercando di trovare il giusto compromesso tra fattibilità e costi di produzione.

Alla fine prevalse l'idea di Torre, e cioè un motore a cilindro orizzontale, con trasmissione mista catena-ingranaggi con limitatore di coppia e cambio a quattro marce. Soluzioni tecniche raffinatissime e di alta tecnologia ma dai costi molto elevati che poi si rivelarono inaccettabili per uno scooter popolare come la Lambretta.

Per la parte telaistica il progetto iniziale TV si distaccava completamente dalla tradizione Innocenti, con la creazione di un nuovo telaio a carrozzeria portante, chiaramente ispirato alla Vespa. Non è dato a sapere il perché di questa strana decisione, certo è che poi, per il disegno definitivo, si tornò alla più tradizionale struttura in tubo di grande sezione con tutte le parti della carrozzeria fissate mediante bulloni e guarnizioni antivibranti.

La forcella anteriore a bracci oscillanti a ruota tirata s'ispirava a quella già in uso sulla Lambretta NSU del 1954, mentre per la posteriore venne adottato un monoammortizzatore idraulico con molla elicoidale.

Bozzetto a colori per lo studio di un modello di dimensioni importanti da offrire sui ricchi mercati del Nord Europa. La carrozzeria è particolarmente massiccia, di stile prettamente teutonico, molto lontana dalle eleganti linee della LD carenata.

A colour sketch for a large model to be offered on the wealthy markets of Northern Europe. The bodywork is particularly voluminous, with a distinctly Teutonic style far from the elegant lines of the faired LD.

TV/LI

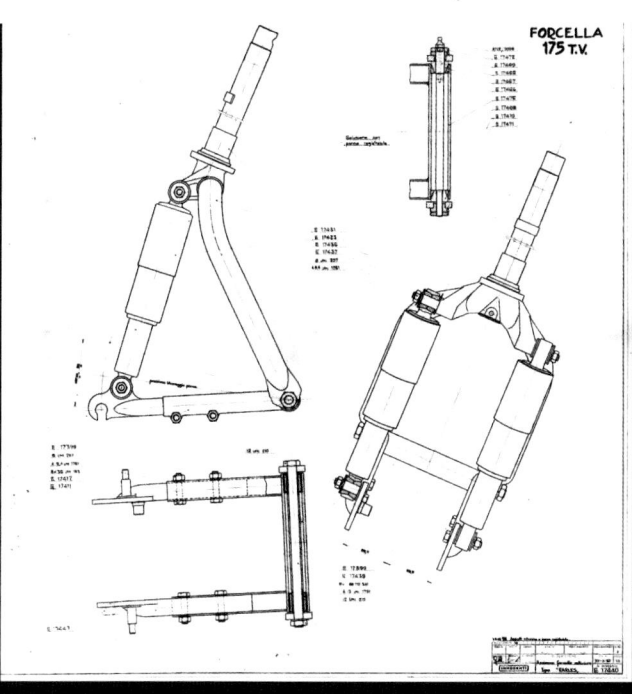

Studio di una forcella tipo Earles, da montare sulla 175 TV. Questo tipo di forcella era molto in voga sui modelli tedeschi e inglesi; in Italia questo tipo di sospensione non ha mai avuto molti sostenitori e anche questo progetto fu accantonato.

A study of an Earles-type fork, to be fitted to the 175 TV. This type of fork was much in vogue on German and British models; in Italy instead this type of suspension never had many supporters and in fact this project too was abandoned.

new monocoque frame. Why this strange decision was taken is not known, but what is certain is that the definitive version returned to the traditional frame in large diameter tubes to which all the body panels were bolted with anti-vibration washers.

The trailing link front fork was inspired by the one already in use on the Lambretta NSU from 1954, while at the rear a single hydraulic shock absorber with a coil spring was adopted.

There is also an interesting design with an Earles-type fork, very much in vogue at the time on German scooters. I am unable to say whether the project was actually realised and tested on the scooter, but going by the type of dimensioned and definitive drawing, it is probable that it at least reached a pre-production stage.

This type of fork can also be seen in a coloured drawing of bodywork for the new TV. In this case, it is no more than a styling sketch that was never constructed.

Foto di presentazione della preserie TV 175. Notare sui pneumatici le scritte Pirelli (verniciate in giallo) che venivano apposte sui modelli destinati alle fiere motociclistiche, per evidenziare la marca produttrice.

A presentation photo of the pre-production TV 175. Note the Pirelli scripts on the tyres (painted in yellow) which were added to those models destined for motorcycle shows in order to highlight the producer's name.

Interessante è lo studio di una forcella tipo Earles, a quei tempi molto in voga sugli scooter di origine tedesca. Non sono a conoscenza se questo progetto sia stato veramente costruito e testato sullo scooter ma dal tipo di disegno, già quotato e definito, è probabile che lo studio fosse giunto ad un livello di preproduzione. Questo tipo di forcella è visibile anche su un disegno a colori per lo studio di una carrozzeria per la nuova TV. In questo caso si tratta solo di un bozzetto, che non è mai stato costruito.

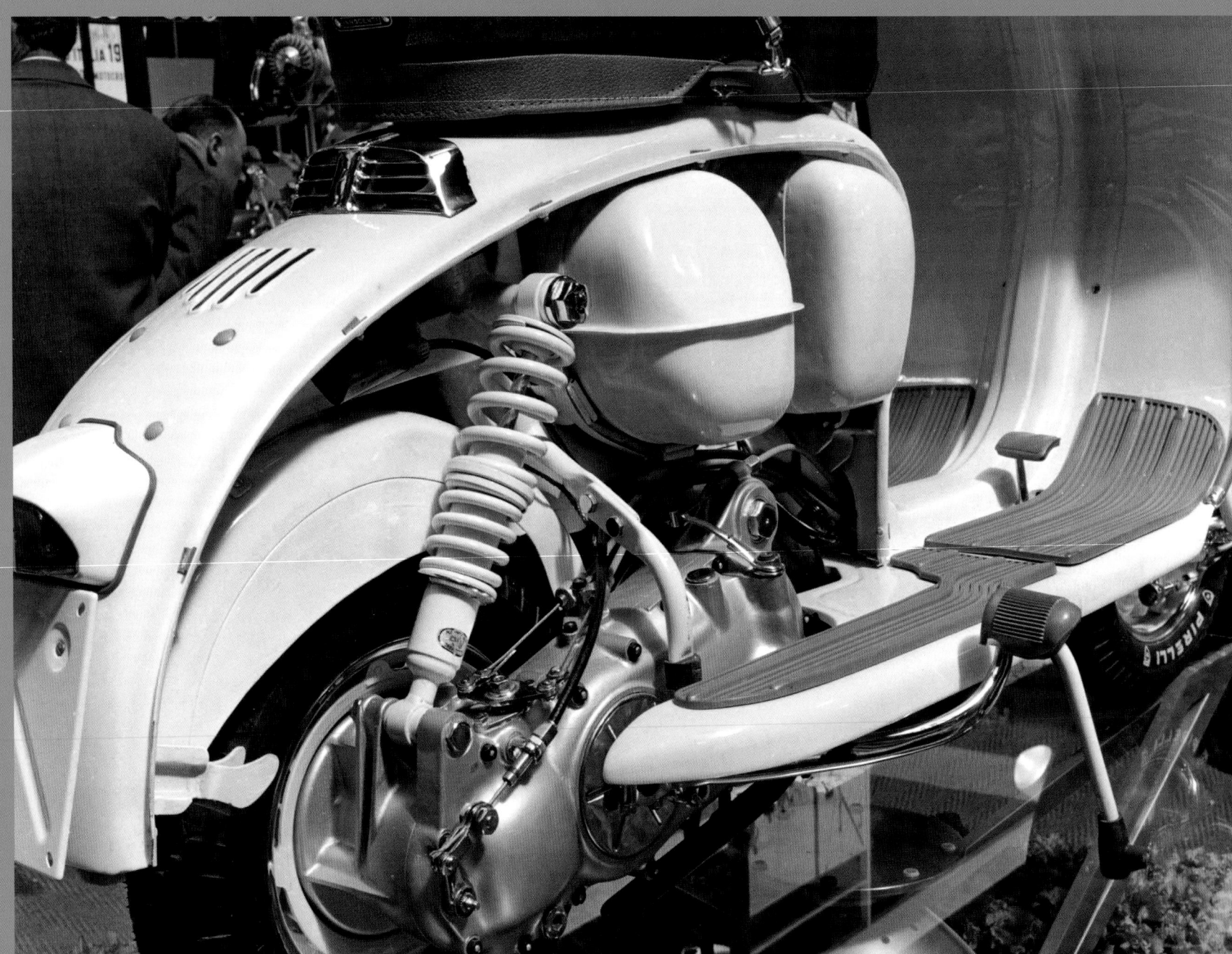

TV/LI

Disegno costruttivo dello scudetto Lambretta da applicare al centro del frontale. Questo nuovo stemma era chiaramente ispirato a quello della Cadillac americana, autovettura molto popolare in Italia perché abitualmente utilizzata dai più famosi attori stranieri.

An engineering drawing of the Lambretta badge to be applied to the centre of the front panel. This new badge was clearly inspired by that of the American Cadillac marque which was very popular in Italy because it was the car of choice for so many famous foreign actors.

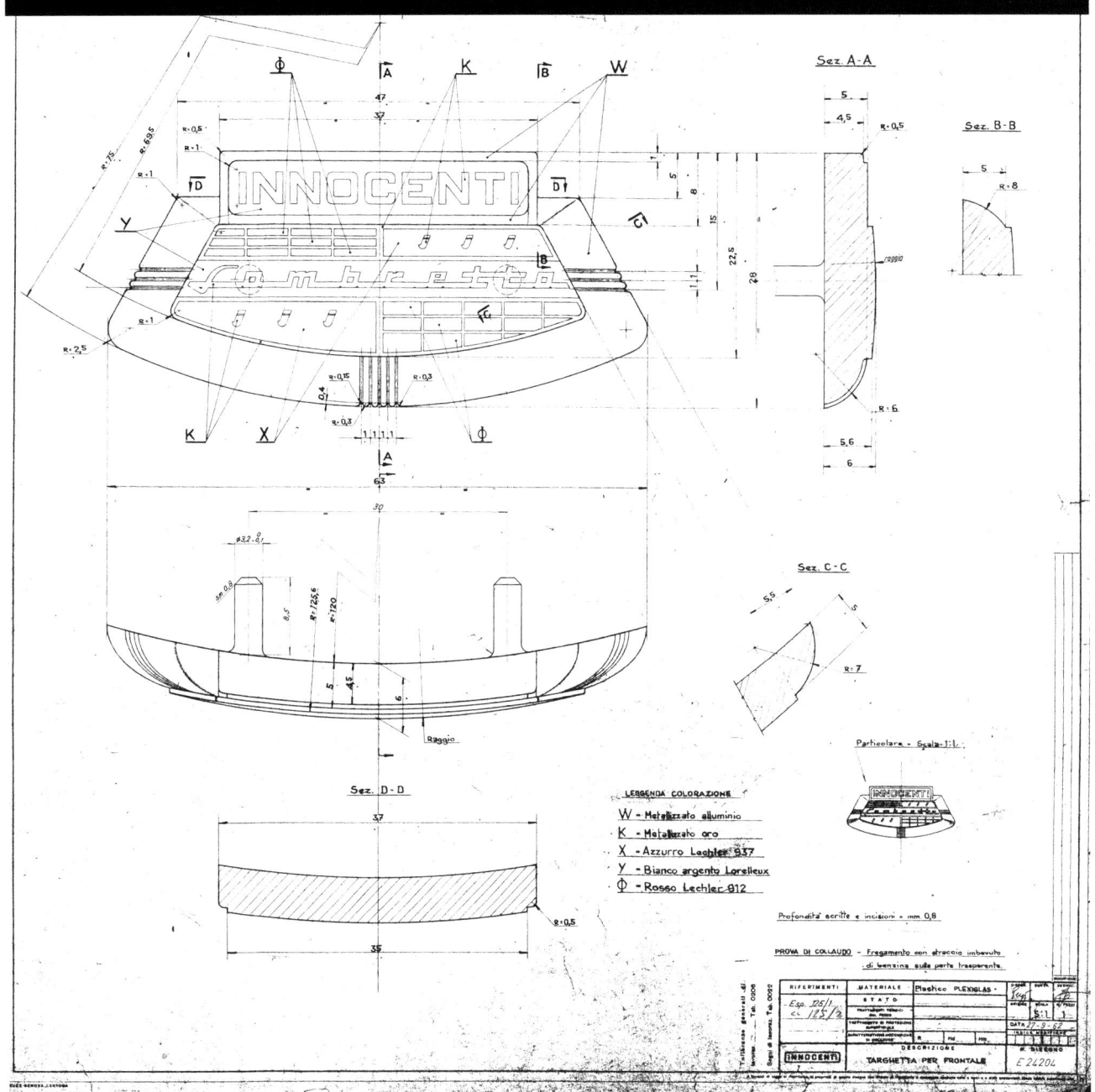

Bellissima immagine del gruppo motore della TV preserie. Particolarmente curiosi sono i tamponcini antivibranti dei cofani, di chiara provenienza sportello bauletto LD'56. Non si capisce il perché di questa stravagante scelta, quando i profili in PVC grigio erano già comunemente in uso sulle LD, ampiamente collaudati e perfettamente efficienti.

A stunning image of the pre-production TV's engine assembly. Of particular note are the anti-vibration buffers on the side panels, clearly taken from the LD'56 glovebox cover. It is hard to understand this extravagant decision when profiles in grey PVC were already in common use on the LD, tried, trusted and perfectly efficient.

Produzione di serie 175 TV1

Il 10 aprile 1957 inizia l'avventura del nuovo TV, che diventerà il modello capostipite dell'epocale cambiamento della Lambretta dalla trasmissione ad albero a quella a catena. Luogo prescelto per l'importante avvenimento il negozio Innocenti di piazza San Babila a Milano, inaugurato lo stesso giorno con un evento mondano di grande successo.

La regina era lei, la bellissima ed elegantissima 175 TV, presentata in una raffinata colorazione avorio con abbondanti cromature in ogni piccolo particolare. Doveva essere non solo uno scooter sportivo, ma anche uno scooter di classe superiore che avrebbe dovuto rappresentare la punta di diamante di tutta la produzione Innocenti.

Le finiture di alto livello, la perfezione della verniciatura, la cura nei dettagli, tutti elementi che davano alla TV una sensazione di ricchezza e qualità che raramente si riscontravano sugli scooter di produzione nazionale e internazionale. La Vespa 150 GS, regina incontrastata fino a quel momento dello scooterismo sportivo, dovette inchinarsi al nuovo prodotto Innocenti, nettamente superiore in fatto di prestazioni, abitabilità, finitura e classe.

I primi esemplari preserie vennero assemblati manualmente e molti particolari erano ancora fatti a mano dagli abili operai del reparto sperimentale. Il modello preserie si riconosce facilmente per i comandi benzina e starter posizionati sotto la sella, tipo la 150 LD, e per la sella a due colori senza i bottoni di fissaggio. Altri particolari speciali riguardano il carburatore con la scatola filtro aria in metallo, il telaio posteriore in lamiera e le scritte sui cofani più alte e divise in due parti. Attualmente l'unico esemplare di preserie conosciuto è esposto presso il Museo Scooter & Lambretta di Rodano.

La produzione della serie definitiva iniziò nel settembre dello stesso anno, con 35 unità prodotte, ma già il mese seguente la produzione era salita a 218 esemplari per poi raggiungere il numero previsto di circa un migliaio di unità mensili. Non si trattava certo di grandi numeri, ma il prezzo di vendita particolarmente elevato non aiutava la commercializzazione di un prodotto di alta qualità come la 175 TV.

La preserie TV in bella mostra nel nuovissimo negozio Lambretta in piazza San Babila, in pieno centro a Milano. Notare la banale fascetta in plastica a bottoni per fissare i cavi alla forcella; si trattava certamente di una soluzione provvisoria per rimediare alla mancanza della staffetta saldata alla forcella.

The pre-production TV cuts a fine figure in the brand new Lambretta store on Piazza San Babila in the very centre of Milan. Note the banal plastic press-fit strap fixing the cables to the fork; this was undoubtedly a provisional measure to overcome the absence of the bracket welded to the fork.

TV/LI

Mass production of the 175 TV1

The 10th of April 1957 saw the launch of the new TV, which was to become the foundation of an epochal change for the Lambretta, that from shaft to chain drive. The location chosen for this all-important event was the Innocenti shop on Milan's Piazza San Babila, inaugurated that very day with a social event of great success. The queen of the evening was the beautiful and highly elegant TV 175 herself, presented in a sophisticated ivory livery with lavish chrome plating on every minor detail. It was intended to be not only a sporting scooter, but also a vehicle of a higher class representing the very pinnacle of Innocenti production.

The high level of trim, the perfection of the paintwork and the attention to detail were all elements that conferred upon the TV an air of richness and quality that was rarely found on Italian or international scooters. The hitherto undisputed queen of sporting scooters, the Vespa 150 GS, had to bow down to the new Innocenti product, which was clearly superior in terms of performance, comfort, finish and class.

The first pre-production examples were assembled manually and many details were still fabricated by hand by the skilled workers of the experimental department. The pre-production model is easily recognisable thanks to the petrol and choke controls located below the seat, as with the 150 LD, and the two-tone saddle with no buttoning. Other special details included the carburettor with a metal air filter box, the rear chassis in pressed steel and higher scripts on the side panels divided into two parts. Currently, the only known example of the pre-production model is on show in the Scooter & Lambretta Museum in Rodano, near Milan.

Production of the definitive model began in the September of the same year, with 35 units being constructed. By the following month output had risen to 218 examples before reaching the target of around a thousand units per month. The numbers were nothing to write home about, but the particularly elevated retail price did not help the marketing of what was a quality product like the 175 TV.

TV 175 e Salone - esposizione
DOPPIO BATTESIMO

Il 10 Aprile, due giorni prima dell'apertura della Fiera di Milano, la Innocenti ha presentato in anteprima alla stampa la nuova Lambretta TV 175 facendo coincidere l'avvenimento con l'inaugurazione del nuovo Salone-esposizione sorto in Piazza S. Babila a Milano.

Nelle foto: 1) il Reverendo Prevosto della Parrocchia di S. Carlo benedice il salone e la nuova TV 175 alla presenza degli invitati; 2) i giornalisti esaminano i particolari del « super scooter degli sportivi »; 3) l'avv. Ambrosini, direttore della « Gazzetta dello Sport », conversa, al ricevimento, con il direttore ing. Tomasi.

On the 10th of april 1957, two days before the opening of the Milan Fair, Innocenti has presented to the press the 175 TV motor scooter in the new show room in the center of Milan. In the pictures: 1) the ceremony of the benediction of the new Show Room and of the new 175 TV Lambretta motor-scooter; 2) Journalists examine all details of the new « super-scooter »; 3) Mr. Ambrosini, Director of the « Gazzetta dello Sport », speaking, at the meeting, with Ing. Tomasi.

Mercredi, le 10 Avril 1957, chez la maison Innocenti a eu lieu un double baptême, celui du Salon d'exposition dan le centre de Milan et celui du « Lambretta » 175 TV presenté à la Presse deux jours avant l'overture de la Foire de Milan. Dans les photos: 1) Bénédiction; 2) Les journalistes examinent les détails du « super-scooter »; 3) Mr. Ambrosini, Directeur del la « Gazzetta dello Sport » converse au cocktail avec l'ing. Tomasi.

Foto ufficiale con lo sfondo a mattoni dello stabilimento Innocenti; questi scatti erano stati realizzati dal famoso fotografo Dott. Zabban, che veniva chiamato in fabbrica quando si doveva preparare la campagna pubblicitaria di un nuovo modello.

An official photo with the brickwork of the Innocenti plant in the background; this shots were taken by the famous photographer Dr. Zabban, who was called to the factory whenever an advertising campaign had to be prepared for a new model.

Infatti in Italia le vendite furono molto modeste ed i Paesi dove conseguì i maggiori successi fu in quelli più ricchi come Inghilterra, Svezia, Svizzera e, fuori Europa, gli Stati Uniti. Durante i suoi sedici mesi di vita la TV ricevette moltissimi aggiornamenti e modifiche tecniche, a causa di un progetto decisamente moderno e completamente nuovo per la tradizione motoristica Innocenti.
Per semplificare l'identificazione dei vari modelli, possiamo configurare tre versioni differenti. La prima si caratterizza per la griglia clacson incorporata al frontale, la seconda per la griglia clacson smontabile per facilitare la sostituzione del clacson stesso, mentre la terza era dominata dall'assenza dei registri ai comandi al manubrio. Entrando ancora di più nel dettaglio possiamo osservare le varianti su ogni versione. Nella prima versione le modifiche più significative riguardano il comando cambio al motore con innesti a sfere al posto dei rulli (dal n. motore 1.805), il blocco dei registri al manubrio (dal n. motore 1.801) e la bobina AT spostata da sinistra a destra del cofano motore (dal n. motore 2.000 circa).
Nella seconda versione gli aggiornamenti più interessanti sono: l'adozione di un parafango sotto il cavalletto (dal n. motore 5.401), il montaggio di una piastrina di sicurezza per il dado mozzo posteriore (dal n. motore 6.550) ed il montaggio di una scatola di regolazione elettrica con relais (dal nr. motore 6.102).
Infine nella terza versione gli aggiornamenti più significativi riguardano: il coperchio del bloccasterzo incernierato dall'alto e non più girevole (dal nr. motore 8.026) e l'adozione di un soffietto in gomma per il cavo freno posteriore (dal nr. motore 8.382).
Una curiosità riguarda i cerchioni cromati e Giorgio Mazzilli, uno dei più validi disegnatori, ricorda che inizialmente erano stati previsti tutti cromati ma, durante le

TV/LI

Questa immagine raffigura uno dei primi esemplari di serie, regolarmente in produzione. Non ha ancora il parafango cavalletto, montato dalla macchina n. motore 5.401 e la leva di avviamento ha una forma molto più arcuata rispetto alle serie successive. Si noti anche la mancanza dell'occhiello allo stelo della forcella per guidare i cavi freno e tachimetro.

This photo shows one of the first production examples. It still lacks a centre stand splash plate, fitted from the example with engine number 5.401 and the starting lever had a much more accentuated arch compared to the following series. Note also the lack of the grommet on the fork stem guiding the brake and speedometer cables.

In fact, sales in Italy were very modest and the markets where it enjoyed the greatest success were the wealthier nations such as Great Britain, Sweden, Switzerland in Europe and the United States elsewhere.

During its 16-month lifespan, the TV received numerous updates and technical modifications required due to what was a decidedly modern design that revolutionised the Innocenti engineering traditions.

In order to simplify the identification of the various models, we can divide the production into three different versions: the first was distinguished by the horn grille incorporated in the front panel, the second had a removable horn grille to facilitate replacement of the horn, while the third was characterised by the absence of a adjusters for the handlebar controls.

Going into greater detail, we can identify variants within each version. In the first version the most significant modifications concerned the gearbox with steel ball selectors in place of rollers (from engine No. 1,805), the blocking of the handlebar adjusters (from engine No. 1.801) and the HT coil moved to from the left to the right of the engine cover (from approx. engine No. 2.000).

In the second version, the most interesting updates were: the adoption of a mudguard below the stand (from engine No. 5.401), the fitting of a locking plate for the rear hub nut (from engine No. 6.550) and the fitting of an electrical regulator with a relay (from engine No. 6.102).

Lastly, in the third version the most important updates concerned the steering lock cover hinged from the top rather than rotating (from engine No. 8.026) and the adoption of a rubber bellows for the rear brake cable (from engine No. 8.382).

One quirk concerned the chrome wheels; Giorgio Mazzilli, one of the most talented draughtsmen, recalls that

prove di collaudo, si verificarono degli allentamenti imprevisti dei dadi di bloccaggio del cerchione, a causa della superficie liscia della cromatura. Il problema venne risolto cromando solo il cerchio esterno e lasciando verniciata la parte interna dove lavoravano i dadi.

Per i mercato elvetico la 175 TV venne commercializzata con i caratteristici filetti a due spessori di colore rosso che già erano stati adottati sulle LD; questa particolare finitura era eseguita direttamente in Svizzera dall'importatore ufficiale.

Sfogliando il catalogo colori della TV, l'unico disponibile era l'Avorio 8028 con una variante opzionale per i cofani in Marrone Antille 8044.

Sinceramente non mi è mai capitata una TV in questa speciale colorazione Marrone Antille, è molto probabile che fosse destinata a qualche particolare mercato estero. La diffusione della TV sul mercato mondiale fu capillare e sostenuta da una campagna promozionale molto intensa ma purtroppo ci furono molteplici fattori che contribuirono al mediocre successo di questo avveniristico scooter. Primo fra tutti l'elevato prezzo di vendita che riduceva parecchio la potenziale clientela, a seguire la complessità meccanica che metteva in difficoltà più di un meccanico esperto ed infine la grande differenza meccanica, rispetto alle tradizionali serie D-LD, che veniva guardata con sospetto dal vasto pubblico lambrettista.

La produzione totale superò di poco le diecimila unità, fermandosi al numero esatto di 10.086 esemplari costruiti. Decisamente pochi in rapporto all'imponente investimento produttivo che Innocenti aveva sostenuto per sviluppare il nuovo modello. Fortunatamente tutto questo lavoro non fu gettato alle ortiche, il progetto TV servì come base per progettare la Lambretta LI che avrebbe dovuto sostituire la obsoleta LD. Proprio la nuova LI saprà riscattare la débâcle della TV, diventando in breve tempo un vero best-seller sul mercato scooteristico mondiale.

Dalla vista tre quarti posteriore si può apprezzare la forma del fanalino posteriore, finalmente di dimensioni più generose rispetto ai vecchi modelli, con la colorazione bicromatica del vetro, per differenziare le luci dello stop da quella della posizione.

The rear three-quarter view allows the shape of the rear lighting unit to be seen, finally of more generous dimensions with respect to the older models, with the two-colour glass differentiating the brake and rear lights.

TV/LI

Questo scatto è leggermente successivo a quello di pagina 19: infatti la Lambretta ha già adottato la leva di avviamento definitiva (più piatta) e ha fissato sulla forcella il famoso occhiello per guidare correttamente i cavi freno/tachimetro. In questo modello sono montati gli pneumatici Ceat, che venivano adottati in alternativa ai Pirelli SC93.

This shot is slightly later than that on page 19: the Lambretta in fact now features the definitive (flatter) starting lever and has the famous grommet correctly guiding the brake and speedometer cables. This example is fitted with the Ceat tyres that were adopted as alternatives to the Pirelli SC93s.

initially the entire wheel was chrome-plated but during testing unexpected loosening of the wheel nuts occurred due to the smooth chrome surface. The problem was resolved by plating only the external rim and leaving painted the internal part onto which the nuts were tightened.

For the Swiss market, the 175 TV was sold with characteristic red pin-striping in two thicknesses that had already been adopted on the LD models; this specific finish was applied directly in Switzerland by the official importer.

Looking at the colour chart for the TV, the only one available was Ivory 8028, with an option for side covers in Antilles Brown 8044.

To be honest, I have never come across a TV in this special Antilles Brown colour scheme, and it is very probable that it was only offered on some particular foreign market.

The TV was distributed throughout the world, supported by a very intensive promotional campaign, but sadly there were multiple factors that contributed to the mediocre success of this futuristic scooter. Firstly, the high retail price significantly restricted the potential clientele, secondly the vehicle's mechanical complexity caused problems for more than one expert mechanic while lastly the radical mechanical differences with respect to the traditional D and LD series aroused the suspicions of the great Lambretta public.

Total production barely exceeded 10,000 units, coming to a halt after the 10,086th example to be precise. Very few indeed in relation to the massive production investments Innocenti had made to develop the new model. Fortunately, all this work did not go to waste as the TV project served as the basis for the design of the Lambretta LI that was to replace the obsolete LD. The new LI in fact made up for the TV debacle, soon becoming a true best seller on the global scooter market.

175 TV PROTOTIPO PER SERIE

La storia del ritrovamento di questo esemplare, più unico che raro, è forse la più classica delle storie.

Si trovava abbandonata in un vecchia autorimessa nella zona di Bologna, dove per anni era rimasta parcheggiata in un angolo del capannone dal suo ignoto proprietario. Un appassionato lambrettista bolognese la notò e, senza rendersi conto che si trattava di un prototipo, decise di acquistarla.

Dopo poco tempo pensò che la cosa migliore fosse esporla durante la Mostra Mercato di Reggio-Emilia, per vedere la reazione del pubblico presente. Grande fu il mio stupore quando la vidi, e ancora più grande quando

Dettaglio della parte posteriore del telaio preserie: era realizzato in lamiera di ferro opportunamente sagomata. Nella produzione di serie si preferirà poi adottare una più semplice struttura in tubo piegato. Stranamente la bobina era posizionata a destra, in seguito verrà messa a sinistra per poi essere riposizionata a destra.

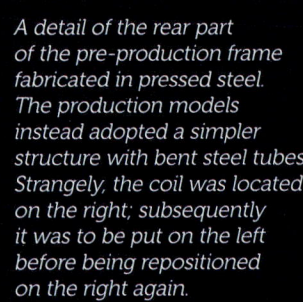

A detail of the rear part of the pre-production frame fabricated in pressed steel. The production models instead adopted a simpler structure with bent steel tubes. Strangely, the coil was located on the right; subsequently it was to be put on the left before being repositioned on the right again.

TV/LI

175 TV SERIES PROTOTYPE

The tale of how this extremely rare machine was found is perhaps one of the greatest of stories.
It was found abandoned in an old garage in the Bologna area, where it had been left parked in a corner of the warehouse for years by its unknown owner.
A Lambretta enthusiast from Bologna noticed it was there and, without realising that it was a prototype, decided to buy it.
Shortly afterwards he thought the best thing to do would be to put it on show at the Reggio-Emilia autojumble and gauge the reaction of the public. I was stunned when I set eyes on it and even more stunned

La scatola filtro della preserie era realizzata in lamiera di ferro sagomata a mano e saldata a cannello. Era stata verniciata in nero perché durante le fasi di restauro avevamo trovato questo tipo di vernice sotto gli strati più recenti. Assolutamente originale è il rubinetto benzina in bronzo (cromato), che è palesemente ispirato a quello della 150

The pre-production filter box was fabricated in hand-shaped sheet steel and welded with a blowtorch. It was painted black because during the restoration process we found this type of paint under the later layers. The (chrome-plated) bronze petrol tap is absolutely original and clearly inspired by that of the 150 LD.

Un interessante particolare costruito interamente a mano dagli esperti lattonieri del reparto esperienze. La griglia per la presa d'aria del carburatore era fatta in lamiera di ottone, saldata a cannello, aggiustata a lima e cromata. Una complessa lavorazione degna di un prototipo come la 175 TV.

An interesting detail fabricated entirely by hand by the skilled metalworkers of the experimental department. The carburettor air intake grille was made of sheet brass, welded, filed and chrome-plated. A complex process worthy of a prototype like the 175 TV.

mi sentii confessare che non aveva riconosciuto che si trattava di un prototipo, ma di una comune 175 TV. Lo scoprì dopo, leggendo il mio libro dove era pubblicata una bella foto della TV preserie.

Dopo una estenuante trattativa durata più di due anni riuscii finalmente a portarla a casa e iniziare il delicato lavoro di restauro, aiutato dal caro amico Fulvio Pirotta. Durante la sabbiatura notammo che la parte centrale della carrozzeria era stata fatta tutta a mano e che la griglia posteriore era in ottone con le alette saldate una per una.

Sotto le scritte Lambretta dei cofani laterali trovammo una vernice azzurro metallizzato, sicuramente un test di prova prima di scegliere il più tradizionale avorio pastello. Gli unici particolari che non erano presenti su questo prototipo erano le leve in plastica color avorio, che si notano perfettamente sulle foto dell'epoca. Probabilmente si erano rotte durante il suo uso quotidiano ed erano state rimpiazzate con delle leve in alluminio di serie. Fortunatamente la famosa sella con gli incavi per i comandi benzina/starter non era stata cambiata e così riuscimmo a restaurarla con gli stessi materiali specificati sul disegno originale Innocenti.

Questo importantissimo pezzo di storia è ora esposto presso il Museo Scooter & Lambretta di Rodano, dove è in bella compagnia con altri rari modelli Lambretta.

TV/LI

Vista inferiore della formidabile sella che era stata costruita per accogliere al suo interno i comandi benzina/starter. Praticamente impossibili da manovrare in quella posizione, verranno subito spostati nella parte anteriore.

A lower view of the formidable saddle that was constructed to house the petrol/choke controls. Practically impossible to use in this position, they were immediately shifted to the front.

when the owner confessed that he had thought it was just a standard 175 TV rather than a rare prototype. He found that out later having read my book where there was a good photo of the pre-production TV.

After an exhausting period of negotiations that lasted more than two years, I finally managed to get it home and begin the delicate restoration work helped by my close friend Fulvio Pirotta.

While we were doing the sandblasting we realised that the central section of the bodywork had all been made by hand and that each of the fins in the brass grille at the rear had been soldered on one by one.

Beneath the Lambretta name on the side panels we found metallic blue paint, which was almost certainly an experiment before they settled for the traditional solid ivory colour.

The only items that were missing from this prototype were the handlebar levers made of ivory-coloured plastic, which are clearly visible in photos from that time. They had probably been broken during everyday use and had been replaced by standard aluminium levers.

Luckily, the famous saddle with recesses for the petrol/choke controls had not been replaced, so we were able to restore it using the materials that were specified on the original Innocenti drawings.

This important piece of history is now on display at the Scooter & Lambretta Museum in Rodano, where it stands alongside other rare Lambretta models.

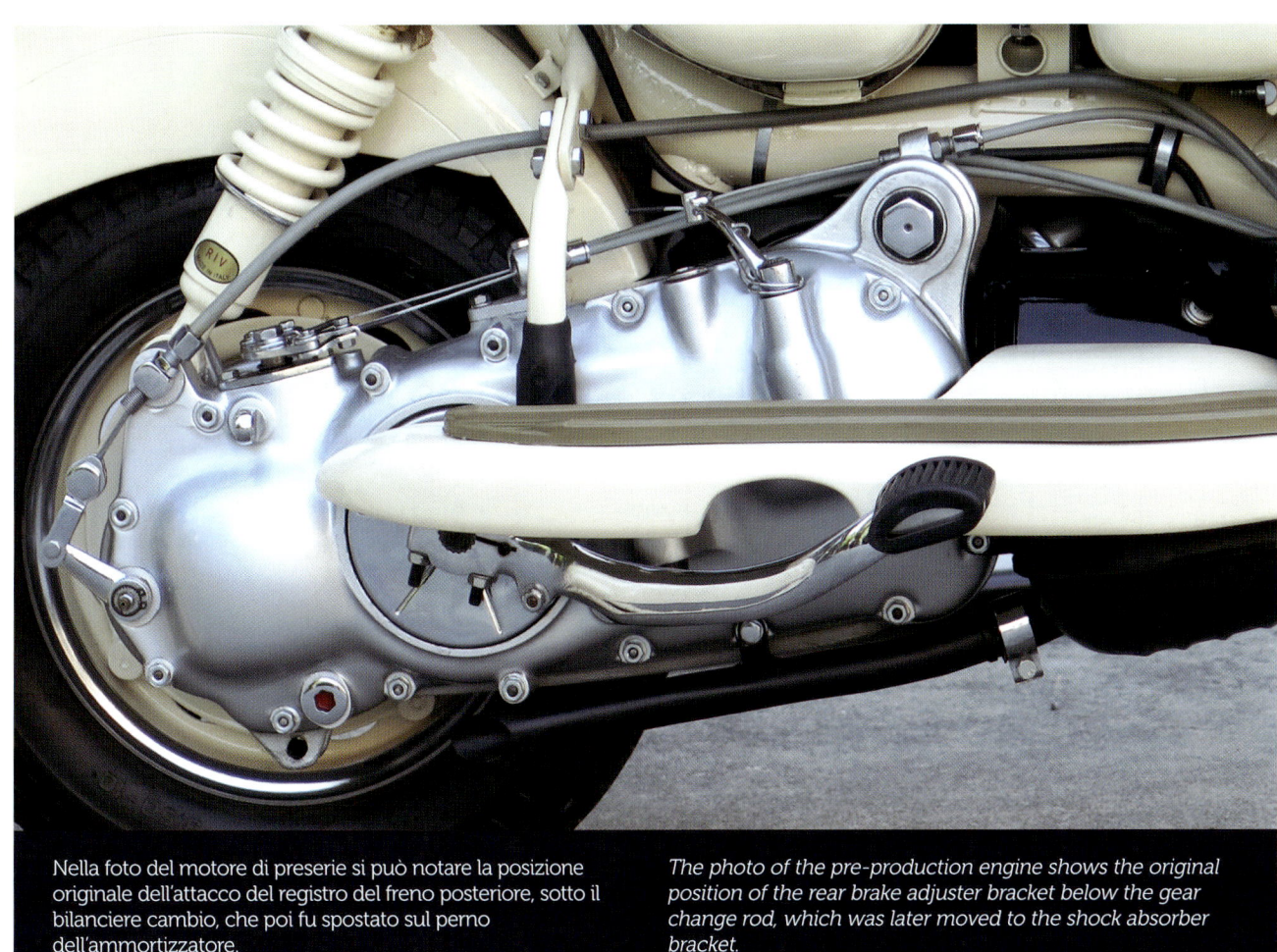

Nella foto del motore di preserie si può notare la posizione originale dell'attacco del registro del freno posteriore, sotto il bilanciere cambio, che poi fu spostato sul perno dell'ammortizzatore.

The photo of the pre-production engine shows the original position of the rear brake adjuster bracket below the gear change rod, which was later moved to the shock absorber bracket.

Nella vista interno scudo si possono apprezzare i numerosi adesivi ricordo dei più arditi itinerari che il primo proprietario aveva fatto negli anni Cinquanta-Sessanta. Sono importanti pezzi di storia perché testimoniano la grande passione per i viaggi che gli scooteristi di tutto il mondo ostentavano con orgoglio.

In questo modello perfettamente conservato sono evidenti i particolari filetti fatti a mano che rendevano più belle le speciali versioni destinate al mercato Svizzero.

This view of the inside of the leg shield shows the numerous stickers commemorating the most daring trips the first owner undertook in the Fifties and Sixties. They are important historical evidence because they testify to the great passion for travel that scooterists from all over the world proudly display.

This perfectly preserved example clearly shows the unusual hand-painted pinstriping that made the special versions destined for the Swiss market all the more attractive.

Particolare del motore con in evidenza la bobina alta tensione posizionata a sinistra, tipica della prima versione, e la particolare verniciatura del parafango posteriore in "antirombo".

A detail of the engine with the HT coil located on the left, typical of the first version and the anti-rumble paint on the rear mudguard.

Questa interessante 175 TV è stata ritrovata in Svizzera ed ora fa parte della collezione dell'amico Marino Pastore. Si tratta di una 175 TV della prima produzione, ancora con la griglia clacson fissa e la bobina alta tensione fissata sulla sinistra del telaio.

È un modello molto interessante per diversi motivi: innanzitutto si presenta in uno stato di conservazione eccezionale, con in bella mostra le decine di adesivi delle località che il precedente proprietario aveva visitato con questa Lambretta; poi per l'allestimento speciale per il mercato Svizzero, con i filetti realizzati a mano per impreziosire la carrozzeria.

Questo tipo di finitura era già stata introdotta con la serie precedente LD, in quanto il distributore svizzero voleva che le sue Lambretta fossero altrettanto eleganti della versione tedesca NSU.

La speciale finitura era realizzata in Svizzera dal distributore ufficiale e non dallo stabilimento in Italia; in totale vennero commercializzate con i filetti le LD, le LI-TV prima serie e infine le LI-TV seconda serie.

Con la terza serie venne abbandonato questo tipo di finitura, anche se è possibile che alcuni di questi modelli fossero venduti con i filetti

TV/LI

Un vero artista il signor. Toni, che ha lavorato negli anni Cinquanta e Sessanta per la Cilo di Losanna. Era considerato il maestro dei filetti, che dipingeva con maestria sulle Lambretta LD, LI e TV I/II serie. La sua grande passione lo portò a lavorare fino agli ultimi giorni della sua lunga vita. Si è spento nell'agosto del 2013. Grazie Toni, i tuoi filetti hanno fatto la storia!

Signor Toni was a true artist who in the Fifties and Sixties worked for Cilo in Lausanne. He was considered the master of pin striping which he skilfully painted on the Lambretta LD, LI and TV I/II series. His great passion led to him working through to the last days of his long life. He passed away in the August of 2013. Thank you Toni, your pin stripes are a part of history!

This interesting 175 TV was found in Switzerland and is now part of my friend Marino Pastore's collection. This is an early model 175 TV, still fitted with a fixed horn grille and the high tension coil mounted on the left-hand side of the frame.

It is an interesting model for various reasons: first and foremost it is extremely well preserved, with dozens of stickers on display from the places that the previous owner had been to with his Lambretta. Furthermore it is a model that was made specially for the Swiss market with hand-painted pinstriping embellishing the bodywork. This level of finish had also been introduced on the preceding LD series, as the Swiss distributor wanted his Lambrettas to be as elegant as the German NSU equivalents.

The special finish was executed by the official Swiss distributor and not at the factory in Italy. In all, first series LDs and LI-TVs and finally second series LI-TVs were all sold with the special pinstriping.

On third series machines this finish was abandoned even though some of these models might still have been sold with the pinstriping.

Tecnica 175 TV

Coma abbiamo già visto nel capitoli precedenti, la 175 TV aveva cambiato radicalmente la tradizione costruttiva di tutta la produzione Innocenti dal 1947 al 1957.
La TV era nuova sotto tutti gli aspetti tecnici ed estetici; le uniche caratteristiche che potevano essere considerate evoluzioni dei modelli precedenti erano il telaio e il motore in posizione centrale, il resto fu una rivoluzione completa, dal parafango anteriore fisso al motore con trasmissione a catena.
Partendo dalla parte anteriore, la forcella fu interamente ridisegnata prendendo spunto da quella già in uso dall'NSU per il suo modello Prima.
Si trattava di una semplificazione, rispetto alla LD, in quanto i bracci porta ruota agivano direttamente sulle

Technical trails for a 175 TV on the test bench. The Innocenti Study Centre was one of the most modern in Italy and was fitted out with all the technical, electrical and chemical equipment for conducting any kind of test on all the engineering features of the Lambretta.

Prove tecniche al banco rulli per una 175 TV.
Il Centro Studi Innocenti era uno dei più moderni in Italia e disponeva di tutte le attrezzature tecniche, elettriche, chimiche per poter eseguire qualsiasi tipo di test su tutti i particolari costruttivi della Lambretta.

175 TV Mechanical Design

As we have seen in previous chapters, the 175 TV radically changed the way in which Innocenti produced machines between 1947 and 1957.
The TV was new from both the technical and aesthetic points of view. The only components that could be considered to be an evolution of preceding models were the frame and the centrally mounted engine. The rest was a complete revolution, from the fixed front mudguard to the engine with chain driven transmission.
Starting from the front, the forks were completely redesigned taking those already in use on the NSU Prima as a starting point.

Prospetto definitivo con le quattro classiche viste; questo tipo di tabella era utilizzato per i certificati di omologazione nel Paese in cui sarebbe stata commercializzata. In fabbrica il modello era denominato "Tipo 15" e tutti i suoi ricambi avevano come prefisso il 15. Questo significa che se trovate, in un altro modello Lambretta, il prefisso 15 significa che il ricambio era nato per la TV ed era poi stato utilizzato anche su altre versioni.

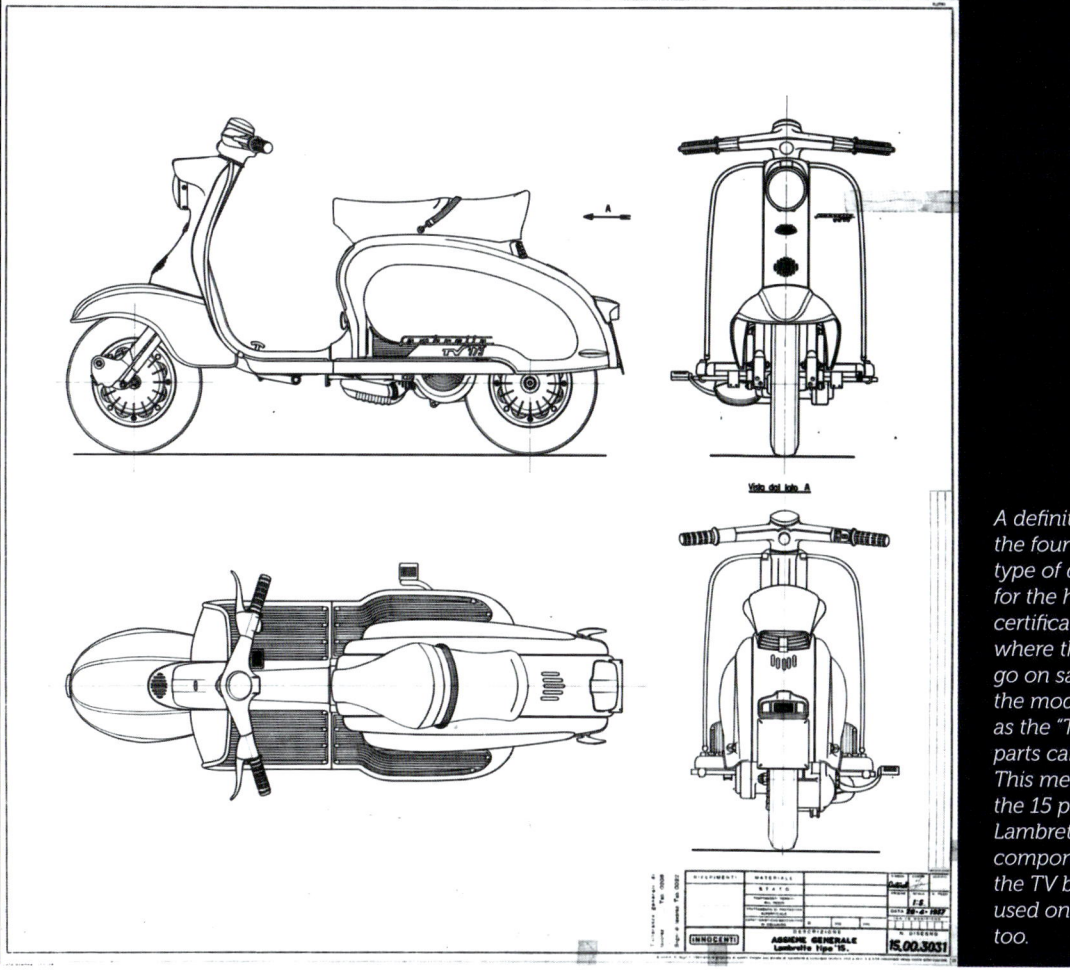

A definitive drawing with the four classic views; this type of drawing was used for the homologation certificates in the countries where the model was to go on sale. In the factory the model was designated as the "Tipo 15" and all its parts carried the 15 prefix. This means that if you find the 15 prefix on another Lambretta model that component was made for the TV but subsequently used on other versions too.

molle della sospensione, eliminando il complesso sistema a perni fusi con leva di reazione.
Per rendere più confortevole l'uso su strade sconnesse, furono adottati due ammortizzatori idraulici a semplice effetto, prodotti dalla RIV e verniciati nel colore della Lambretta.
Il manubrio era realizzato, per la prima volta, in fusione d'alluminio con tutti i comandi incorporati all'interno; particolarmente raffinati erano i registri sulle leve di comando frizione-freno anteriore, che agivano sulla guaina con una rotella a scatti per ogni quarto di giro. Soluzione molto elegante ma non altrettanto efficiente: dopo pochi mesi si preferì bloccarli (dal nr. di motore 1.801) e in seguito eliminarli (dal nr. di motore 7.022 circa).
Per migliorare la tenuta di strada vennero adottati, per la prima volta, i pneumatici da 10 pollici nella tradizionale sezione di 3.50, come d'altra parte aveva già fatto la Piaggio con la 150 GS.
Molto interessante e avveniristico era il rivestimento sulla pedana poggiapiedi con quattro tappeti in gomma vulcanizzati su piastre in metallo; una scelta assolutamente innovativa che verrà ripresa molti anni dopo anche dalla Piaggio e da altre Case scooteristiche internazionali.
Con il motore posto orizzontalmente la disposizione degli organi accessori fu spostata nella parte alta della carrozzeria: il bauletto portaoggetti, finalmente di dimensioni più accettabili, l'impianto di aspirazione e il serbatoio erano tutti ben posizionati in maniera molto accessibile per qualsiasi intervento di manutenzione.
Ma è certamente il motore l'oggetto più rivoluzionario e tecnicamente più intrigante. Come già accennato si trattava di un progetto molto articolato e complesso che creò non pochi problemi per il montaggio in serie in fabbrica. Per assemblare correttamente un motore bisognava seguire un corso di apprendistato lungo e impegnativo, in quanto la complessità degli organi interni richiedeva una manualità meccanica di alto livello.
La parte più complessa era certamente la trasmissione, che prevedeva la prima parte a catena duplex, la seconda a ingranaggi con parastrappi a barra di torsione e

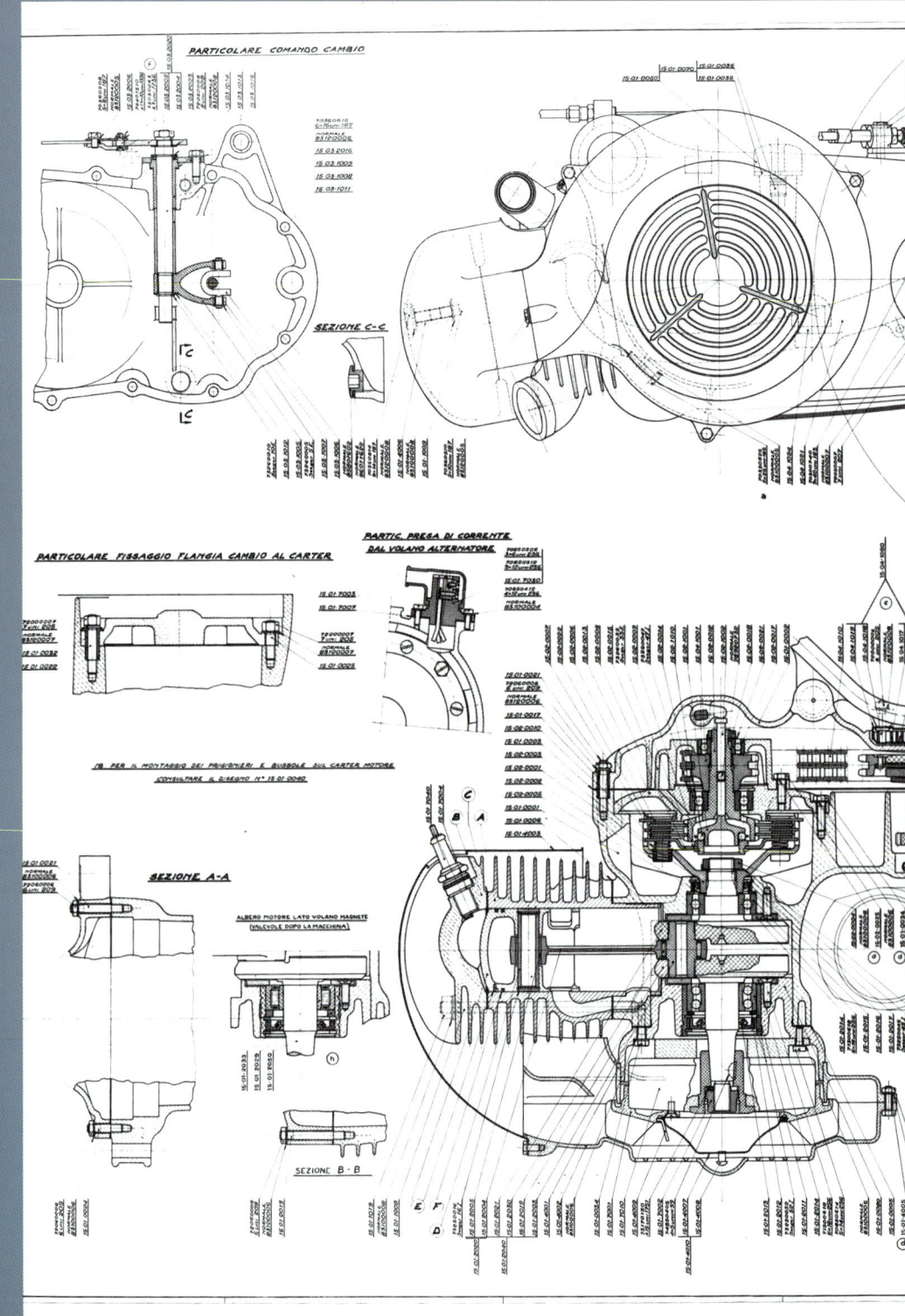

TV/LI

175 TV Mechanical Design

As we have seen in previous chapters, the 175 TV radically changed the way in which Innocenti produced machines between 1947 and 1957.

The TV was new from both the technical and aesthetic points of view. The only components that could be considered to be an evolution of preceding models were the frame and the centrally mounted engine. The rest was a complete revolution, from the fixed front mudguard to the engine with chain driven transmission.

Starting from the front, the forks were completely redesigned taking those already in use on the NSU Prima as a starting point.

Prospetto definitivo con le quattro classiche viste; questo tipo di tabella era utilizzato per i certificati di omologazione nel Paese in cui sarebbe stata commercializzata. In fabbrica il modello era denominato "Tipo 15" e tutti i suoi ricambi avevano come prefisso il 15. Questo significa che se trovate, in un altro modello Lambretta, il prefisso 15 significa che il ricambio era nato per la TV ed era poi stato utilizzato anche su altre versioni.

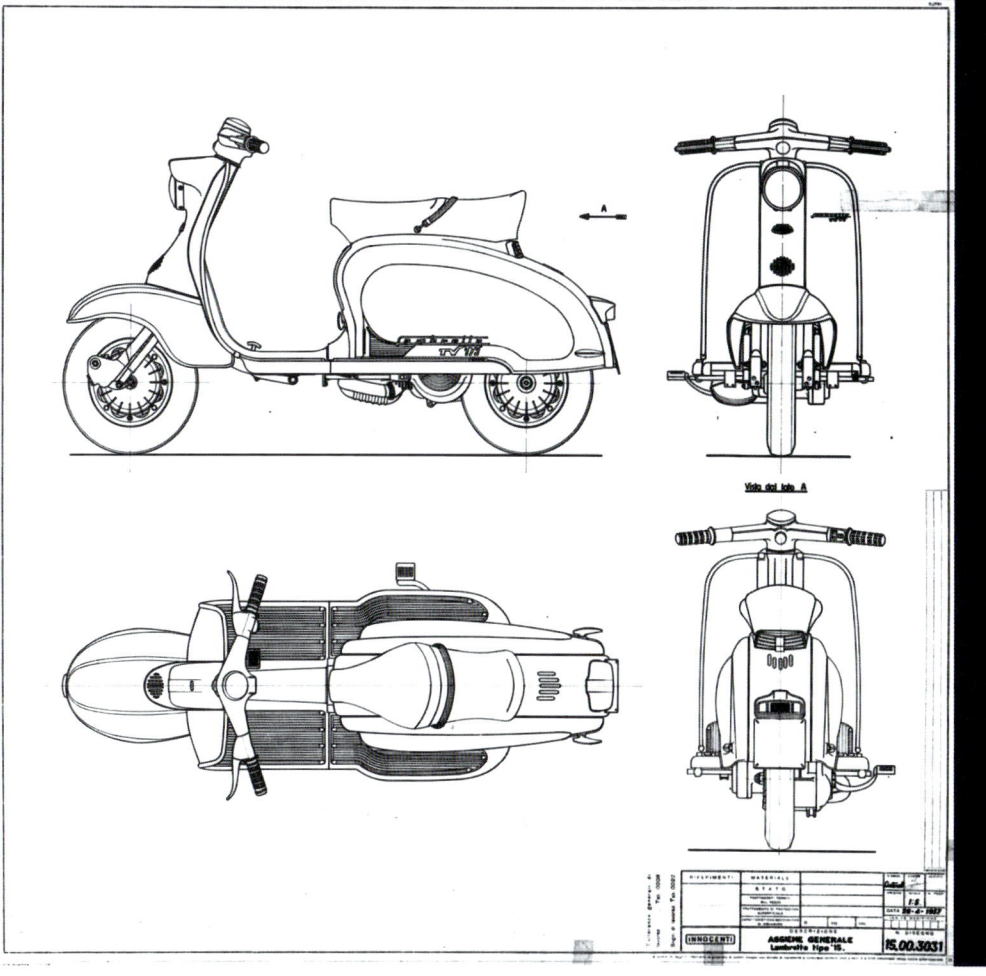

A definitive drawing with the four classic views; this type of drawing was used for the homologation certificates in the countries where the model was to go on sale. In the factory the model was designated as the "Tipo 15" and all its parts carried the 15 prefix. This means that if you find the 15 prefix on another Lambretta model that component was made for the TV but subsequently used on other versions too.

molle della sospensione, eliminando il complesso sistema a perni fusi con leva di reazione.

Per rendere più confortevole l'uso su strade sconnesse, furono adottati due ammortizzatori idraulici a semplice effetto, prodotti dalla RIV e verniciati nel colore della Lambretta.

Il manubrio era realizzato, per la prima volta, in fusione d'alluminio con tutti i comandi incorporati all'interno; particolarmente raffinati erano i registri sulle leve di comando frizione-freno anteriore, che agivano sulla guaina con una rotella a scatti per ogni quarto di giro. Soluzione molto elegante ma non altrettanto efficiente: dopo pochi mesi si preferì bloccarli (dal nr. di motore 1.801) e in seguito eliminarli (dal nr. di motore 7.022 circa).

Per migliorare la tenuta di strada vennero adottati, per la prima volta, i pneumatici da 10 pollici nella tradizionale sezione di 3.50, come d'altra parte aveva già fatto la Piaggio con la 150 GS.

Molto interessante e avveniristico era il rivestimento sulla pedana poggiapiedi con quattro tappeti in gomma vulcanizzati su piastre in metallo; una scelta assolutamente innovativa che verrà ripresa molti anni dopo anche dalla Piaggio e da altre Case scooteristiche internazionali.

Con il motore posto orizzontalmente la disposizione degli organi accessori fu spostata nella parte alta della carrozzeria: il bauletto portaoggetti, finalmente di dimensioni più accettabili, l'impianto di aspirazione e il serbatoio erano tutti ben posizionati in maniera molto accessibile per qualsiasi intervento di manutenzione.

Ma è certamente il motore l'oggetto più rivoluzionario e tecnicamente più intrigante. Come già accennato si trattava di un progetto molto articolato e complesso che creò non pochi problemi per il montaggio in serie in fabbrica. Per assemblare correttamente un motore bisognava seguire un corso di apprendistato lungo e impegnativo, in quanto la complessità degli organi interni richiedeva una manualità meccanica di alto livello.

La parte più complessa era certamente la trasmissione, che prevedeva la prima parte a catena duplex, la seconda a ingranaggi con parastrappi a barra di torsione e

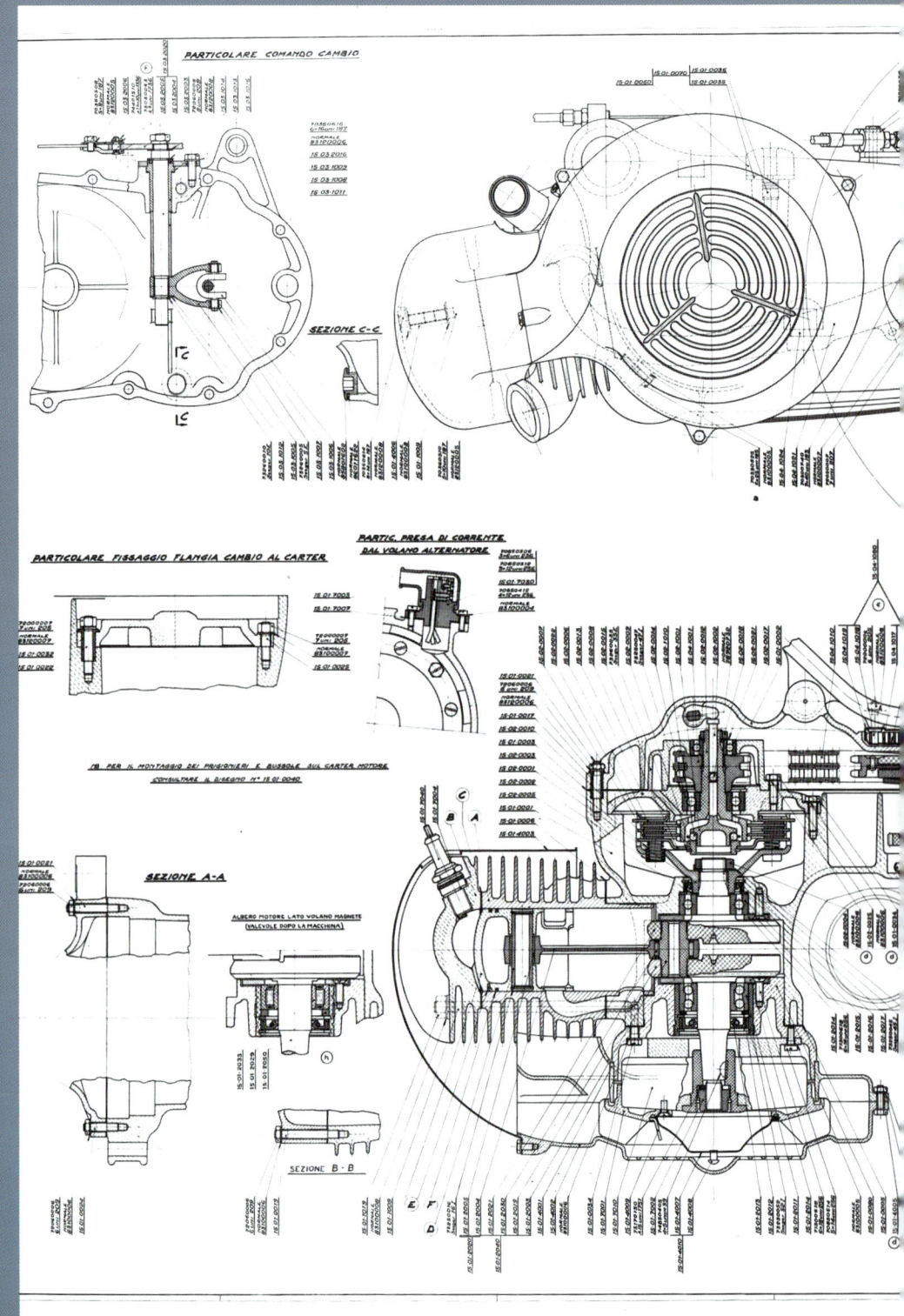

TV/LI

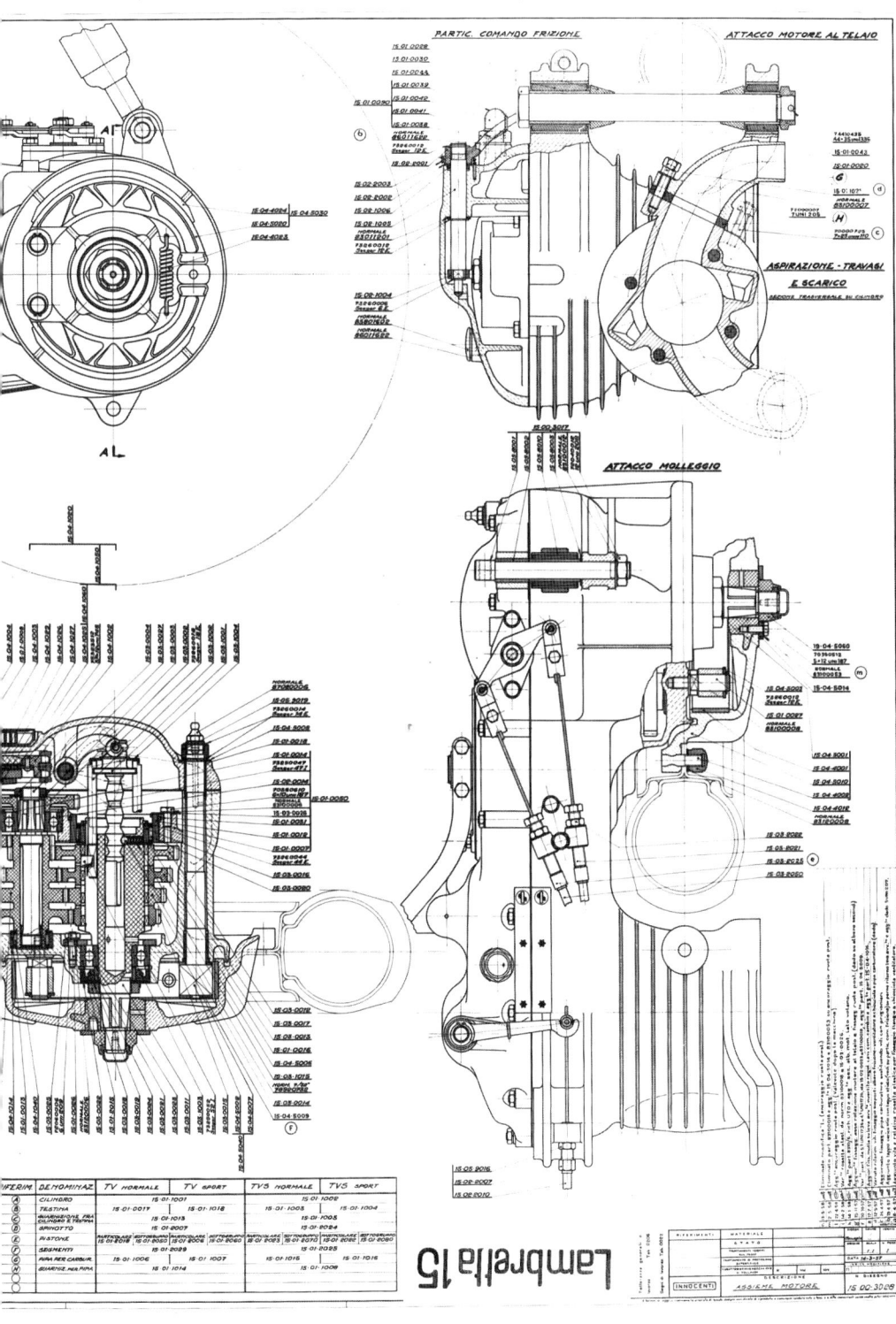

With respect to the LD it was actually a simplification, in that the wheel carriers were directly connected to the suspension springs, doing away with the complex mechanism of king pins with lever arms.

In order to make the ride more comfortable on rough roads, two single-action hydraulic shock absorbers made by RIV and painted in Lambretta colours were adopted.

For the first time the handlebars were made from cast aluminium with all the controls housed inside. The adjusters on the clutch and front brake levers were especially sophisticated as they acted on the cable using a click-stop wheel for every quarter turn. This was a very elegant idea that turned out to be less than efficient: after a few months it was decided to make them fixed (from engine No. 1.801) and then remove them completely (from approximately engine No. 7.022).

To improve roadholding 10-inch tyres were used for the first time, with the customary 3.50 width, just as Piaggio had done on their 150 GS.

A very interesting and futuristic covering for the footboard was used with four rubber mats vulcanised onto metal plates, which was a completely new idea that was to be reprised by Piaggio and other international scooter manufacturers many years later.

With the engine being mounted horizontally the ancillaries were moved to the upper area of the bodywork. The storage compartment, the right size at last, the intake components and the fuel tank were all well positioned and easily accessible for all maintenance operations.

Disegno del motore della TV. La complessità meccanica regna incontrastata in questa vista sezionata. Provate a divertirvi a contare di quanti pezzi è composto il motore di questa Lambretta, tanto bella... ma tanto complicata!

Drawing of the TV engine. The mechanical complexity reigns supreme in this sectional view. Have fun trying to count the number of pieces that go to make up this Lambretta engine, so good looking... but so complicated!

limitatore di coppia e la terza con il cambio ad espansione di sfere con scorrevole interno; tutto questo da aggiustare con ranelle calibrate e spessori in ogni perno di rotazione!

Anche la semplice frizione era molto complessa: progettata con soli due dischi e molle relativamente piccole, si dimostrò poco efficiente e molto delicata nell'uso più estremo. Posizionata tra l'albero motore e il pignone della catena, era difficilmente raggiungibile per la manutenzione ordinaria.

Un confronto poco gratificante con la sua diretta concorrente Vespa GS è estremamente significativo: per smontare la frizione della Vespa (oltre a togliere la ruota posteriore) bisognava svitare 3 viti del coperchio e il dado centrale del pacco frizione. Per smontare la frizione della TV occorreva invece svitare (oltre a togliere la pedana poggiapiedi e la marmitta) il coperchio motore (16 dadi), il pignone e la catena con il coperchietto (1 dado e 3 viti) e la flangia di supporto (altre 7 viti); In totale, compreso quelle della carrozzeria: 21 dadi e 14 viti; nella Vespa ne bastavano 5!

Questo può facilmente spiegare il perchè questo modello non abbia avuto il successo desiderato.

Un'altra particolare soluzione tecnica fu l'adozione di una scatola filtro con una membrana deformabile a depressione che modificava il volume della scatola in base all'apertura del carburatore.

Questo accorgimento sarebbe dovuto servire a migliorare l'erogazione del motore con una curva di coppia più lineare e meglio distribuita tra i vari regimi di rotazione. Un'idea certamente interessante, ma che poi non ha avuto seguito dei successivi modelli TV e SX.

Ultima, ma non meno importante, la sospensione posteriore che finalmente venne realizzata con un semplicissimo monoammortizzatore idraulico con molla elicoidale, di chiara derivazione motociclistica.

Il famoso limitatore di coppia smontato nei suoi componenti: gli inserti in bronzo nella corona sono il materiale di attrito che lavora sul disco liscio, la molla è realizzata con una grande ranella a tazza fissata con una ghiera filettata.

The famous torque limiter dismantled into its individual components: the bronze inserts in the crown wheel are the friction material that acts on the smooth disc, the spring is realised with a large cup washer fixed with a threaded ferrule.

La scatola filtro era dotata di una membrana deformabile in gomma che serviva a modificare il volume della scatola in base all'apertura della valvola del carburatore; questo avrebbe dovuto servire a migliorare la fluidità di marcia e l'elasticità del motore.

The filter box was equipped with a deformable membrane in rubber that served to modify the volume of the box in relation to the carburettor valve opening; this was designed to make the engine smoother and more flexible.

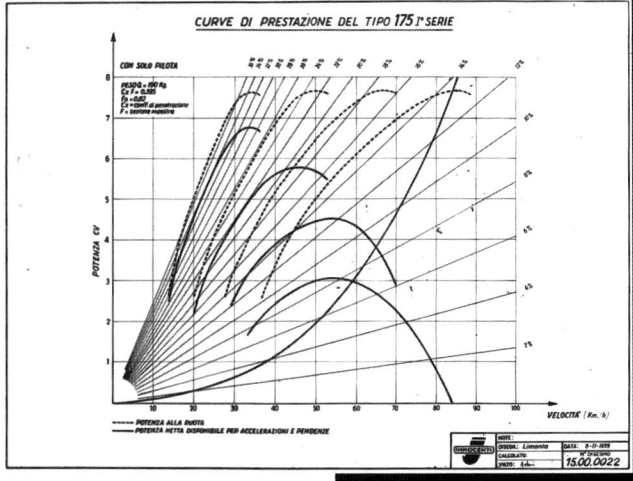

Grafico della potenza del motore in rapporto all'accelerazione e pendenze superabili. Notare che la potenza massima alla ruota non raggiunge neanche gli 8 CV; tanti allora, pochi oggi!

A graph of the engine's power output in relation to acceleration and the angle of slope that could be tackled. Note that the maximum power at the wheel was less than 8 hp; plenty back then, not so much today!

However, the engine was without doubt the most technically revolutionary and fascinating element. As has already been mentioned, it was a far-reaching and complex project that created numerous problems for mass-production in the factory.

A long and demanding apprenticeship course had to be followed in order to be able to assemble an engine correctly, as the complexity of the internal components required a high level of mechanical dexterity.

The most complex part was certainly the transmission, the primary section featuring a duplex chain, while the secondary transmission had gears with a torsion bar torque limiter and finally the gearbox had steel ball selector gearing with an internal sliding dog. All this adjusted with calibrated washers and spacers on every rotational hub! Even the simple clutch presented a serious problem. Designed with just two plates and relatively small springs, it proved to be inefficient and very delicate when used hard. Positioned between the crankshaft and the chain sprocket, it was difficult to reach for ordinary maintenance

A rather unflattering comparison with its closest competitor the Vespa GS is very significant: in order to dismantle the Vespa clutch, along with the removal of the rear wheel, just three screws on the cover and the central clutch assembly nut had to be removed. To dismantle the TV clutch you had to (apart from having to remove the footboard and the exhaust) unscrew the engine cover (16 nuts), the sprocket and chain with the cover (1 nut and 3 screws) and the support bracket (another 7 screws) – in all, including the bodywork fasteners: 21 nuts and 14 screws, while on the Vespa there were only 5!

This makes it easy to understand why this model was not as successful as had been hoped.

Another unusual technical feature was the use of a filter box with a flexible membrane that altered the volume of the box according to the carburettor opening.

This feature was supposed to improve the engine's power delivery with a more linear and better-balanced torque curve at various engine speeds. This was certainly an interesting idea but it was not continued on the TV and SX models that followed.

Last but by no means least, the rear suspension that was at last made using an extremely simple single hydraulic suspension unit with a helicoidal spring, that was clearly borrowed from motorcycle practice.

Schema dell'impianto elettrico del prototipo 175 TV. Per la prima volta viene introdotto il cavo rosa, che alimenta la luce dello stop. Nel caso della TV il fanalino posteriore era dotato di tre lampadine: una centrale per la luce di posizione e due laterali per la luce dello stop.

Diagram of the electrical system of the prototype 175 TV. The pink wire feeding the brake light is introduced for the first time. In the case of the TV, the rear light was equipped with three bulbs: one in the centre as a running light, and one either side for the brake lights.

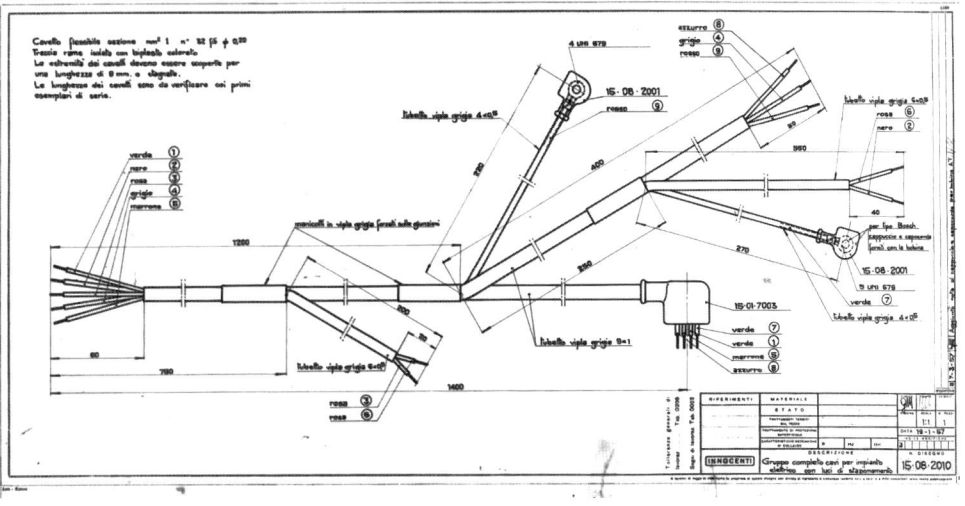

Pubblicità 175 TV

Il 1957 segnò uno dei momenti più memorabili nella storia della Lambretta e della stessa Innocenti. Artefice fu il lancio sul mercato della modernissima 175 TV, un modello completamente nuovo che segnerà in maniera indelebile tutto il percorso costruttivo degli scooter Innocenti fino al termine della produzione nel 1971.
Come già detto in precedenza, la 175 TV riceve il suo battesimo ufficiale in pieno centro di Milano nel negozio dell'Innocenti. Inizialmente, però, la TV venne destinata ai mercati esteri più ricchi, dove lo scooter di livello superiore era molto richiesto e apprezzato. Inghilterra, Svizzera, Germania e Svezia erano i paesi dove la TV avrebbe avuto i più ampi consensi e certamente un grande successo di vendite.

Una delle primissime pubblicità per la promozione della 175 TV. Pur essendo sullo stesso dépliant, le TV sono diverse: quella in alto, al lago, è una preserie classica mentre quella utilizzata in montagna (Passo dello Stelvio) ha già i comandi starter/rubinetto nella parte anteriore ma la sella ancora della versione precedente.

One of the very first advertisements promoting the 175 TV. While featured in the same brochure, the TVs are different: the one at the top, by the lake, is a classic pre-production model while the one in the mountains (Stelvio Pass) already has the choke and petrol tap at the front while the saddle is still from the earlier version.

175 TV advertising

1957 marked one of the most memorable moments in the history of the Lambretta and Innocenti itself. The launch of the avant-garde 175 TV, an all-new model, made an indelible impact on the engineering of Innocenti scooters through to 1971 and the end of production.

As mentioned earlier, the 175 TV made its official debut in the Innocenti shop in the heart of Milan. Initially, however, the TV was destined for richer foreign markets where the prestige scooter was much admired and highly sought-after. Great Britain, Switzerland, Germany and Sweden were the countries in which the TV was most well received and where it enjoyed great commercial success.

With the slogan, "The amazing new Lambretta TV 1975", Innocenti's advertising resources were directed towards these markets, with major campaigns being run to promote and present the sophisticated qualities of the new super scooter "made in Innocenti". The ag-

Tanti slogan per la nuova Lambretta: "Il super scooter degli sportivi", "Lo scooter veloce dell'anno", "La linea fuoriserie", "La nuova turismo veloce". Tutto era stato messo in campo per colpire il pubblico, specialmente quello più sportivo che aspettava da più di due anni un potente modello per poter dare del filo da torcere alla velocissima Vespa 150 GS.

Numerous slogans for the new Lambretta: "The Super Scooter for Sportsmen", "The fast scooter of the year", " The custom line", "The new fast tourer". Everything had been set up to capture the attention of the public, especially the sporting clientele that had been waiting for more than two years for a powerful model that could compete with the very fast Vespa 150 GS.

Con lo slogan "The amazing new Lambretta TV 175" gli sforzi pubblicitari della Innocenti si diressero verso questi Paesi e furono predisposte importanti campagne pubblicitarie per promuovere e far conoscere le raffinate qualità del nuovo super scooter "made in Innocenti". Lo spirito aggressivo della TV era messo in primo piano, si voleva comunicare l'aspetto decisamente sportivo dello scooter, destinato ad un pubblico esigente e benestante. Un veicolo veloce e potente, che poteva agilmente superare i 100 km/h, progettato per viaggiare in sicurezza per migliaia di chilometri senza il minimo cedimento meccanico; uno scooter di classe al vertice della tecnologia mondiale che sarebbe divenuto in breve tempo il punto il riferimento di tutto il mercato scooteristico internazionale.

Una bella immagine a colori scattata davanti allo stabilimento Innocenti. Il titolo della foto è: "Le Italiane si voltano".

A fine colour shot taken in front of the Innocenti plant. The photo is titled: "Italian heads are turned".

TV/LI

In questa bella brochure destinata al mercato svedese la TV viene soprannominata "Turist", forse per elogiare le grandi potenzialità di questo modello per il turismo a lungo raggio. Notare l'ampio portapacchi già montato, accessorio indispensabile per viaggiare in assoluta comodità.

In this attractive brochure destined for the Swedish market, the TV is referred to as the "Turist", perhaps to emphasise the model's great potential for long-distance touring. Note the large luggage rack already fitted, an indispensable accessory for travelling in comfort.

gressive spirit of the TV was highlighted and the company was determined to comunicate the sporting nature of the scooter aimed at a demanding and wealthy clientele. A fast, powerful vehicle that could easily exceed 100 kph, designed to cruise safely for thousands of kilometres without the slightest mechanical problem, the TV represented the worldwide pinnacle of scooter technology and was soon to become a point of reference for the international scooter market.

TAG Lambretta FÖR SÄKERHETS SKULL

Tyst
Genom sin effektiva ljuddämpare samt sitt insugningssystem med luftkanal i ramen och ljuddämpande luftfilter blir Lambretta tystgående.

Säker
Ni får högsta säkerhet på Lambretta genom motorns mittplacering, den kraftiga stålrörsramen och de berömt effektiva bromsarna.

Praktisk
Här är en av de största fördelarna med Lambretta. Den kan genom sin konstruktion ge plats för det mesta när en pakethållare anbringas.

Ekonomisk
Lambrettan är konstruerad med tanke på att ge även en passagerare bästa komfort. Den har också en bränslesnålhet som gör den till ett önskefordon alla årstider.

SKANDIA-TRYCKERIET, GÖTEBORG

Lambretta
Turist 1959

GÖTA MOTOR
HANTVERKARGAT. 54 STOCKHOLM K
TELEFON 54 41 20, 54 41 21, 51 23 00
ÖSTGÖTAGATAN 17 STOCKHOLM S
TELEFON 43 04 35

Progettazione e sviluppo 150 LI

Il progetto per una nuova Lambretta che subentrasse alla serie D-LD, ormai ampiamente sfruttata, venne impostato agli inizi del 1957 con lo studio di nuove soluzioni che fossero più semplici ed economiche rispetto ai vecchi modelli con trasmissione ad albero e coppie coniche. L'ispirazione era data dalla neonata 175 TV, ma si preferì sperimentare anche soluzioni diverse per rendere il nuovo prodotto più abbordabile per la clientela popolare, tipica del mercato scooteristico degli anni Cinquanta.

Con la denominazione "Esperimento n. 109" lo sviluppo prese forma nel Centro Studi, con bozzetti ed ipotesi molto differenti tra di loro.

La prima importante decisone fu quella di abbandonare la trasmissione a coppie coniche in favore di una più semplice catena di derivazione motociclistica. Il cilindro venne inclinato in avanti e per l'albero motore venne adottata la versione a sbalzo laterale, già usata con successo sul Moto Guzzi Galletto e sul Bianchi Aquilotto. Con questo modello il lato sinistro del motore non aveva più un perno di uscita e il gruppo volano fu posto all'estremità destra, dopo il pignone della catena. Una soluzione certamente molto complessa e poco pratica per la normale manutenzione.

Per il cambio si prese come riferimento quello della 175 TV ma con sole tre marce e con le ruote da 8 pollici di diametro.

Successivamente il progetto venne ampiamente rivisto e ricevette il nuovo nome di "Esperimento n. 110".

La modifica più vistosa fu il ritorno all'albero motore tradizionale, supportato da due cuscinetti a rulli e, di conseguenza, lo spostamento del volano magnete a destra del motore. Le ruote erano ancora da 8 pollici mentre il cambio fu aggiornato a quattro rapporti.

Con l'evoluzione successiva dell'Esp. 110 il cilindro venne posizionato orizzontalmente e il diametro delle ruote fu maggiorato a 10 pollici. Per la marmitta si studiò una soluzione incredibilmente complessa: un involucro in alluminio fuso, completamente smontabile e fissato da una grande quantità di viti. Era certamente una soluzione di grande pregio, ma anche assolutamente improponibile per uno scooter di basso costo come la Lambretta.

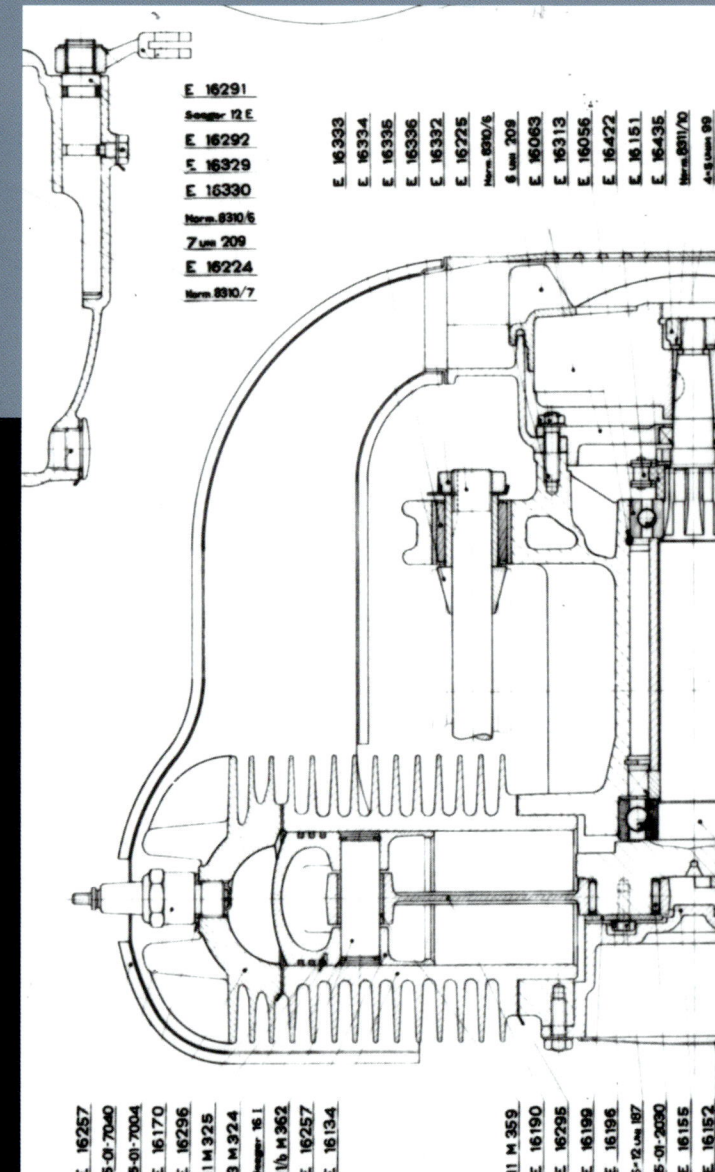

Sezione longitudinale di uno dei progetti per il nuovo motore da installare sulla LI. In questo caso l'albero motore ha la manovella a sbalzo e tutti i servizi sono sulla destra. L'idea era quella di bilanciare più correttamente il motore posizionando il gruppo termico a sinistra e la trasmissione a destra.

A longitudinal section of one of the projects for the new engine to be installed on the LI. In this case the crankshaft has the cantilevered con-rod and all the ancillaries on the right. The idea was that of improving engine balance by positioning the cylinder barrel and head assembly on the left and the transmission on the right.

150 LI Design and development

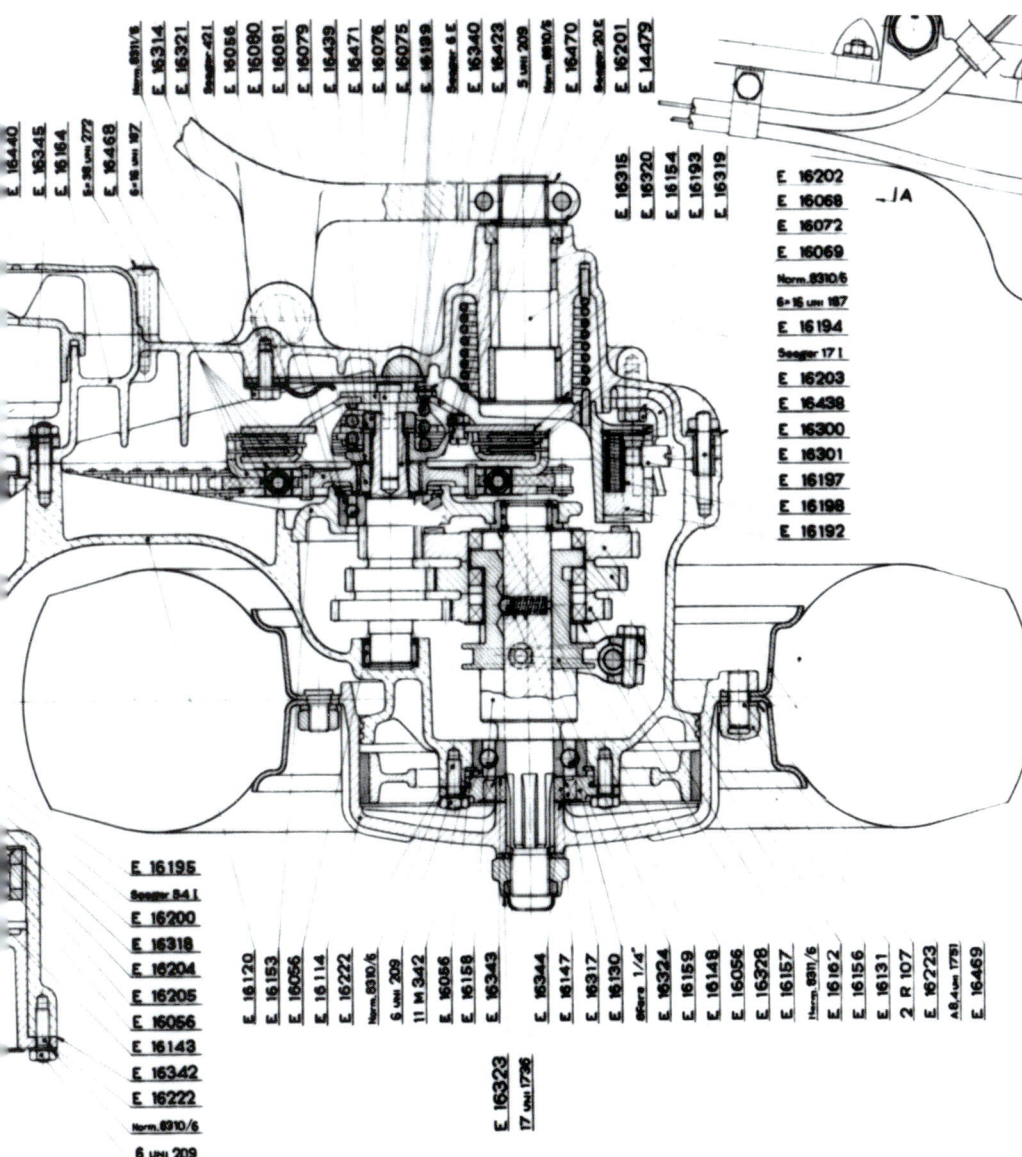

The project for a new Lambretta that would replace the D-LD series that had reached the limit of its potential was sketched out early in 1957, with work focusing on new features that were simpler and more economical than those of the old models with shaft and bevel gear drive. Inspiration had come from the recently introduced 175 TV, but the firm also decided to experiment with new features to make the new product more accessible to the typical scooter clientele of the Fifties rather than an elite group of enthusiasts. Designed as "Esperimento n. 109", the project was developed in the research centre, with sketches and a proposals that were very different to one another.

The first important decision was to abandon the transmission with bevel gears in favour of a simpler, motor-cycle-derived chain. The cylinder barrel was inclined forwards and a cantilever crankshaft already successfully used on the Moto Guzzi Galletto and the Bianchi Aquilotto. With this model the left-hand side of the engine no longer had an output hub and the flywheel unit was move to the far right, outside the chain sprocket. This was a very complex configuration and hardly practical for ordinary maintenance operations. For the gearbox, the 175 TV was taken as a reference, but with only three speeds and combined with 8"-diameter wheels.

The project was subsequently extensively revised and was given a new designation as "Esperimento No. 110". The most eye-catching modification was the return to a traditional crankshaft mounted on two roller bearings and, consequently, the shifting of the flywheel magneto to the left-hand side of the engine. The 8" wheels were retained, while the gearbox was equipped with four speeds.

With the successive evolution of the "Esperimento No. 110", the cylinder barrel was initially positioned almost vertically, before a more balanced horizontal configuration was adopted; various diameter wheels were tested, from 8 to 10 inches. An incredibly complex design was produced for the exhaust, consisting of a cast aluminium shell, fully removable but attached via a

Sistemata la marmitta con l'adozione di un modello in lamiera stampata e saldata, il nuovo motore era ora praticamente definito e finalmente pronto per entrare in produzione!
Nella fase finale del progetto era stata prevista la trasmissione a catena simplex (al posto della duplex utilizzata sulla TV) coadiuvata da un tendicatena a registrazione automatica; inoltre si era pensato di montare un solo parastrappi sulla corona della frizione. Queste scelte si rivelarono poco affidabili e così, per la produzione di serie, furono introdotte la catena duplex, il tendicatena fisso e il parastrappi sul pignone dell'albero motore.
Giorgio Mazzilli, uno di più validi disegnatori, ricorda con piacere che per risolvere il problema del parastrappi sulla trasmissione pensò di adottare quello comunemente usato su tutte le moto inglesi, con la molla coassiale all'albero. Una scelta semplice ed efficiente che certamente non sarebbe stata gradita dall'Ing. Torre, in quanto non progettata da lui.
In questo delicato momento della storia della Lambretta, infatti, si verificò un importante cambiamento al vertice del Centro sSudi. L'Ing. Torre venne allontanato dal progetto Lambretta per passare alla direzione dello sviluppo di un motore marino fuoribordo di 500 cc. Si disse che questo spostamento fu deciso in quanto Torre si era rivelato troppo autoritario nelle scelte costruttive e poco disponibile nell'accettare consigli dal suo team tecnico. È anche probabile che il clamoroso insuccesso della TV e l'enorme investimento fatto per la sua costruzione abbiano pesato sulle scelte della direzione generale dello stabilimento. Il nuovo team tecnico, capitanato dagli ingegneri Araldi e Sartori fu messo subito alla prova, si concentrò molto sulla semplificazione del motore e i risultati non tardarono ad arrivare.
Il nuovo motore che uscì dal rinnovato Centro Studi era finalmente quello che tutti desideravano: un oggetto semplice, robusto ed efficiente. Una scelta vincente che farà da capostipite a tutta la produzione Lambretta fino al termine nel 1971.

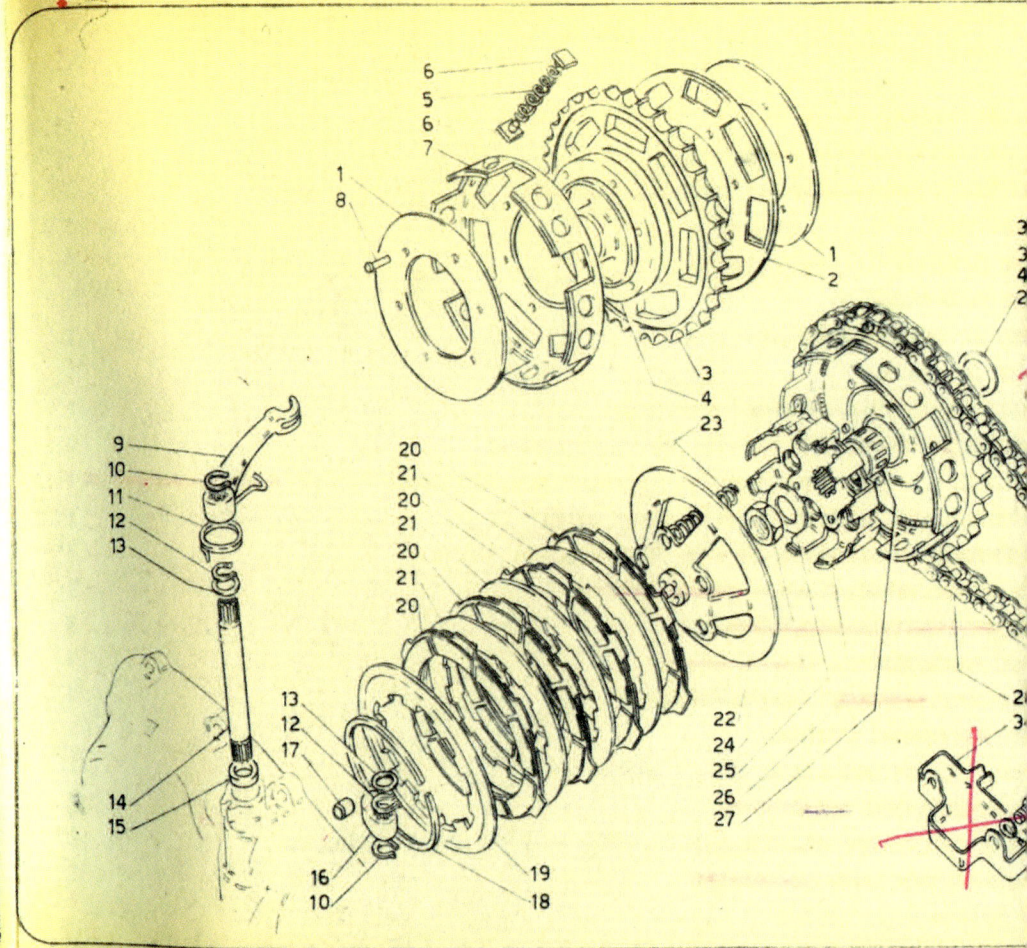

Estratto dal catalogo ricambi "provvisorio" della 150 LI; come si può vedere il gruppo tendicatena era stato previsto con un sistema di regolazione automatica a molla e non era ancora stato montato il parastrappi sul pignone della catena.

An extract from the "provisional" parts catalogue for the 150 LI; as can be seen, the chain tensioning assembly featured an automatic spring adjustment system while the spring drive had yet to be fitted to the chain cog.

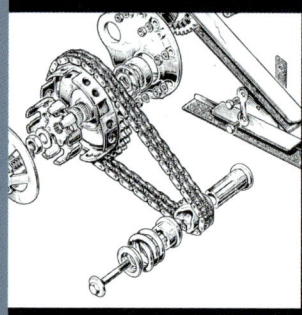

Il sistema parastrappi sul pignone, chiaramente ispirato ai modelli utilizzati sulle motociclette inglesi.

The spring drive system on the crown wheel, clearly inspired by the models used on British motorcycle.

150 LI Design and development

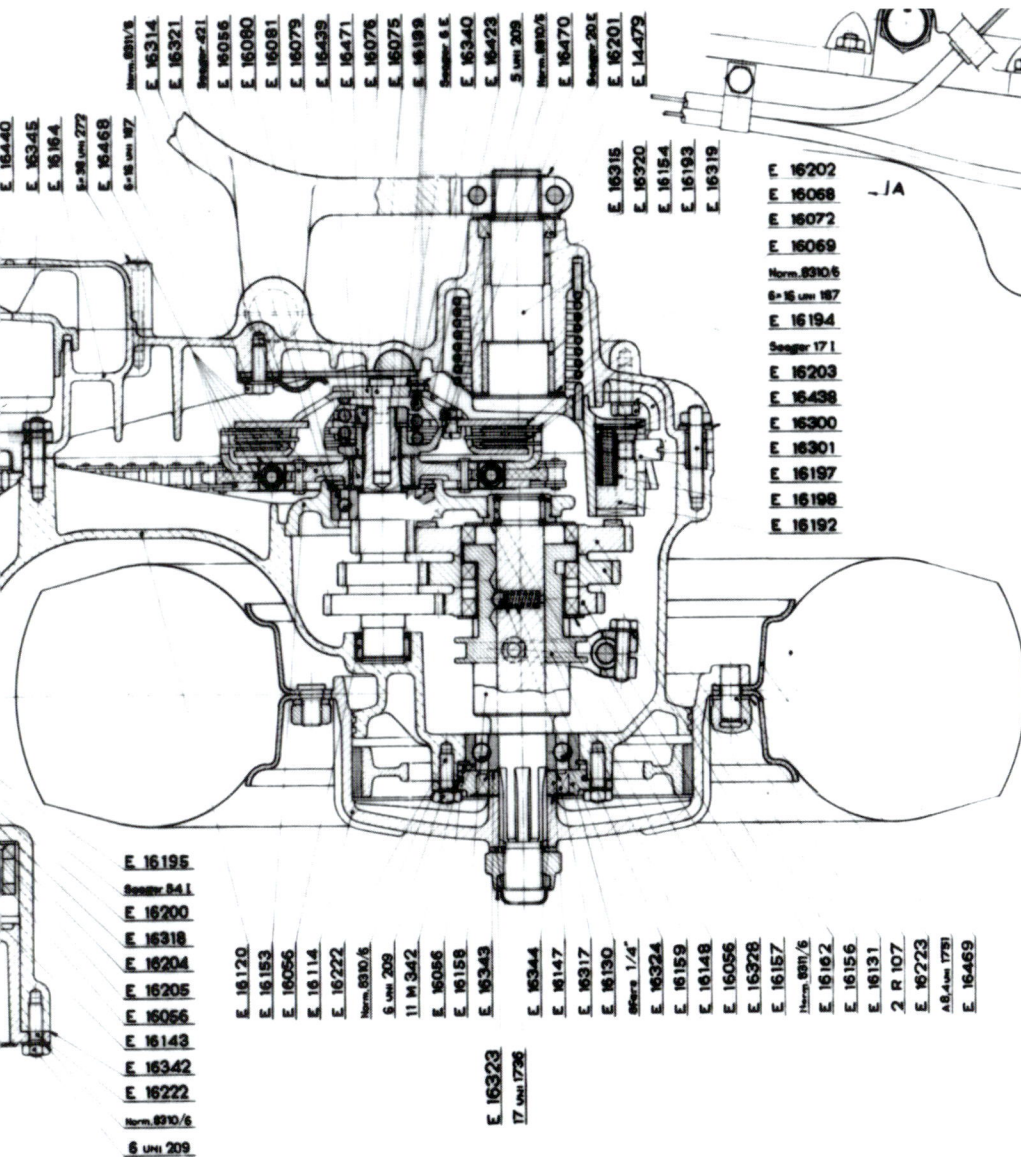

The project for a new Lambretta that would replace the D-LD series that had reached the limit of its potential was sketched out early in 1957, with work focusing on new features that were simpler and more economical than those of the old models with shaft and bevel gear drive. Inspiration had come from the recently introduced 175 TV, but the firm also decided to experiment with new features to make the new product more accessible to the typical scooter clientele of the Fifties rather than an elite group of enthusiasts. Designed as "Esperimento n. 109", the project was developed in the research centre, with sketches and a proposals that were very different to one another.

The first important decision was to abandon the transmission with bevel gears in favour of a simpler, motorcycle-derived chain. The cylinder barrel was inclined forwards and a cantilever crankshaft already successfully used on the Moto Guzzi Galletto and the Bianchi Aquilotto. With this model the left-hand side of the engine no longer had an output hub and the flywheel unit was move to the far right, outside the chain sprocket. This was a very complex configuration and hardly practical for ordinary maintenance operations. For the gearbox, the 175 TV was taken as a reference, but with only three speeds and combined with 8"-diameter wheels.

The project was subsequently extensively revised and was given a new designation as "Esperimento No. 110". The most eye-catching modification was the return to a traditional crankshaft mounted on two roller bearings and, consequently, the shifting of the flywheel magneto to the left-hand side of the engine. The 8" wheels were retained, while the gearbox was equipped with four speeds.

With the successive evolution of the "Esperimento No. 110", the cylinder barrel was initially positioned almost vertically, before a more balanced horizontal configuration was adopted; various diameter wheels were tested, from 8 to 10 inches. An incredibly complex design was produced for the exhaust, consisting of a cast aluminium shell, fully removable but attached via a

Sistemata la marmitta con l'adozione di un modello in lamiera stampata e saldata, il nuovo motore era ora praticamente definito e finalmente pronto per entrare in produzione!

Nella fase finale del progetto era stata prevista la trasmissione a catena simplex (al posto della duplex utilizzata sulla TV) coadiuvata da un tendicatena a registrazione automatica; inoltre si era pensato di montare un solo parastrappi sulla corona della frizione. Queste scelte si rivelarono poco affidabili e così, per la produzione di serie, furono introdotte la catena duplex, il tendicatena fisso e il parastrappi sul pignone dell'albero motore.

Giorgio Mazzilli, uno di più validi disegnatori, ricorda con piacere che per risolvere il problema del parastrappi sulla trasmissione pensò di adottare quello comunemente usato su tutte le moto inglesi, con la molla coassiale all'albero. Una scelta semplice ed efficiente che certamente non sarebbe stata gradita dall'Ing. Torre, in quanto non progettata da lui.

In questo delicato momento della storia della Lambretta, infatti, si verificò un importante cambiamento al vertice del Centro sSudi. L'Ing. Torre venne allontanato dal progetto Lambretta per passare alla direzione dello sviluppo di un motore marino fuoribordo di 500 cc. Si disse che questo spostamento fu deciso in quanto Torre si era rivelato troppo autoritario nelle scelte costruttive e poco disponibile nell'accettare consigli dal suo team tecnico. È anche probabile che il clamoroso insuccesso della TV e l'enorme investimento fatto per la sua costruzione abbiano pesato sulle scelte della direzione generale dello stabilimento. Il nuovo team tecnico, capitanato dagli ingegneri Araldi e Sartori fu messo subito alla prova, si concentrò molto sulla semplificazione del motore e i risultati non tardarono ad arrivare.

Il nuovo motore che uscì dal rinnovato Centro Studi era finalmente quello che tutti desideravano: un oggetto semplice, robusto ed efficiente. Una scelta vincente che farà da capostipite a tutta la produzione Lambretta fino al termine nel 1971.

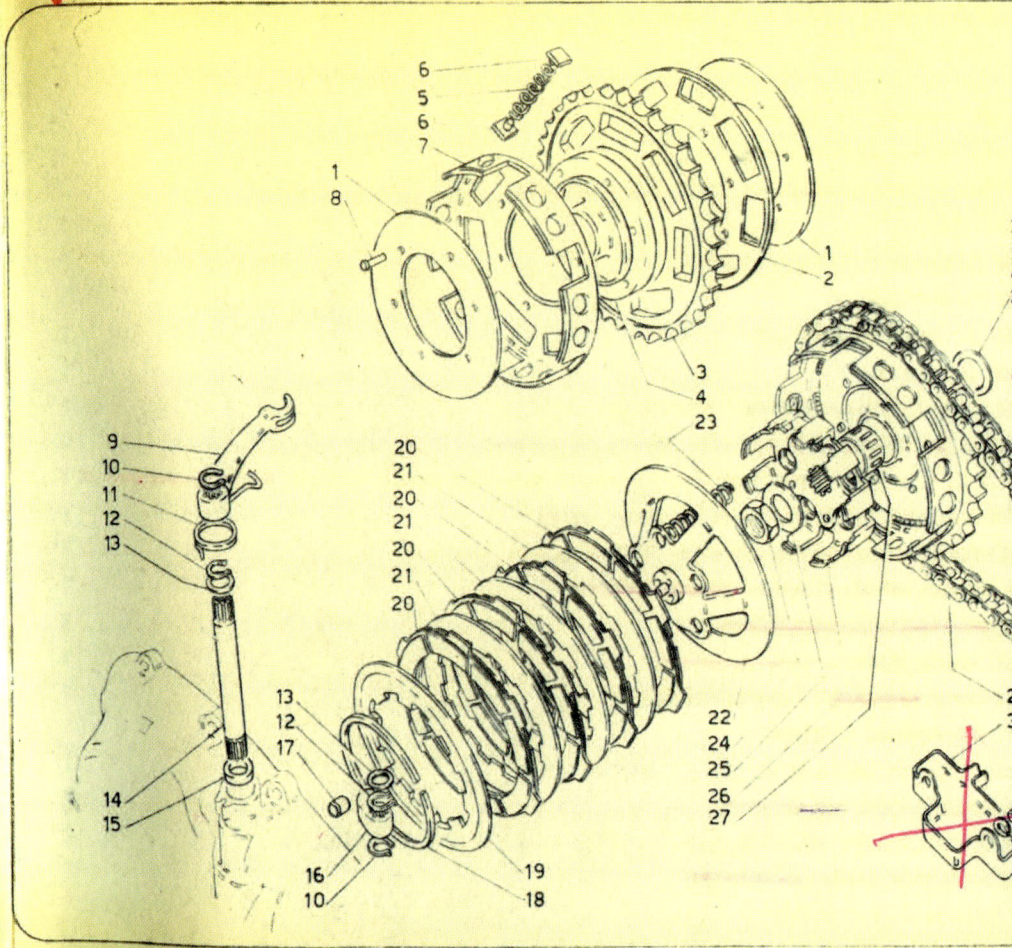

Estratto dal catalogo ricambi "provvisorio" della 150 LI; come si può vedere il gruppo tendicatena era stato previsto con un sistema di regolazione automatica a molla e non era ancora stato montato il parastrappi sul pignone della catena.

An extract from the "provisional" parts catalogue for the 150 LI; as can be seen, the chain tensioning assembly featured an automatic spring adjustment system while the spring drive had yet to be fitted to the chain cog.

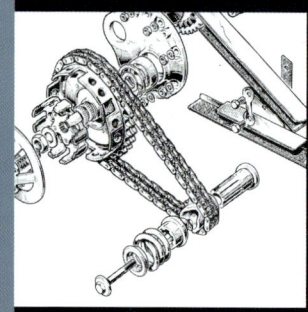

Il sistema parastrappi sul pignone, chiaramente ispirato ai modelli utilizzati sulle motociclette inglesi.

The spring drive system on the crown wheel, clearly inspired by the models used on British motorcycle.

TV/LI

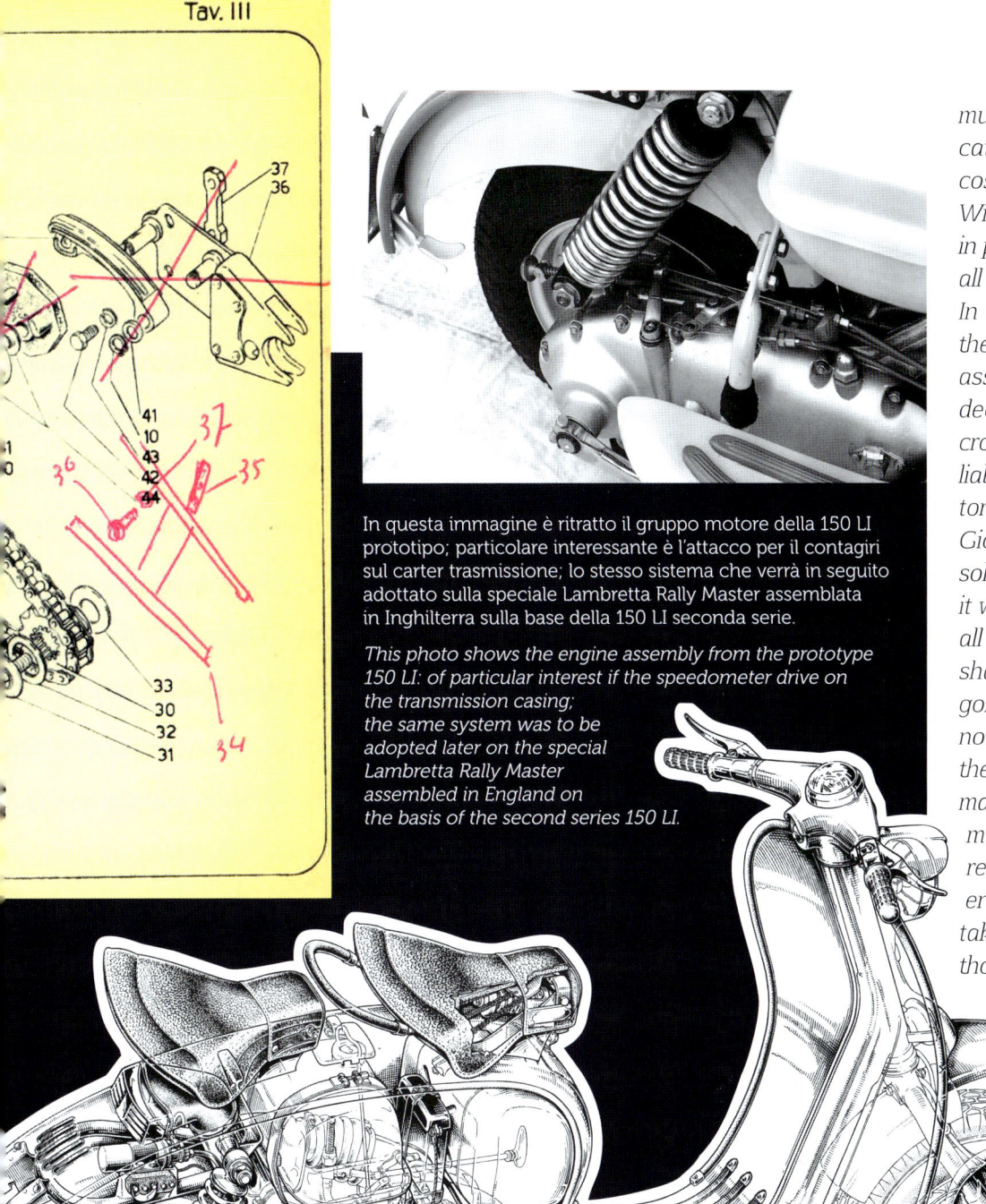

Tav. III

In questa immagine è ritratto il gruppo motore della 150 LI prototipo; particolare interessante è l'attacco per il contagiri sul carter trasmissione; lo stesso sistema che verrà in seguito adottato sulla speciale Lambretta Rally Master assemblata in Inghilterra sulla base della 150 LI seconda serie.

This photo shows the engine assembly from the prototype 150 LI: of particular interest if the speedometer drive on the transmission casing; the same system was to be adopted later on the special Lambretta Rally Master assembled in England on the basis of the second series 150 LI.

multitude of screws. It was certainly a very sophisticated feature, but also an absolute no-go for a low-cost scooter such as the Lambretta.
With the exhaust revised with the adoption of a version in pressed and welded sheet steel, the new engine was all but definitive and finally ready to go into production! In the final phase of the project, a simplex rather than the duplex chain used on the TV had been specified, assisted by an automatic chain tensioner. It was also decided to put a single torque limiter on the clutch crown wheel. These choices proved to be rather unreliable and a duplex chain, a fixed chain tensioner and a torque limiter on the crankshaft pinion.
Giorgio Mazzilli recalls with pleasure that in order to resolve the problem with the transmission torque limiters, it was decided to adopt the system commonly used on all British motorcycles, with the spring coaxial with the shaft. This simple yet efficient solution would not have gone down well with Ingegner Torre given that it was not him who had designed it. At this delicate moment in the Lambretta story, in fact, an important change was made at the head of the Research Centre. Torre was removed from the Lambretta project and put to work directing the development of a 500 cc outboard marine engine. It has been suggested that this decision was taken because Torre had proved to be excessively authoritative and unwilling to accept advice from his technical team regarding engineering matters. It is also probable that the disappointing flop of the TV, combined with the enormous investments involved in its production, played its part in the choices made by the power that be at Innocenti. The new technical team, led by the engineers Araldi and Sartori, was immediately put to the test and focussed on the simplification of the engine. Their efforts were soon rewarded. The new engine that emerged from the revised Research Centre was finally what everyone wanted, a simple, robust and efficient design. A winning formula that was

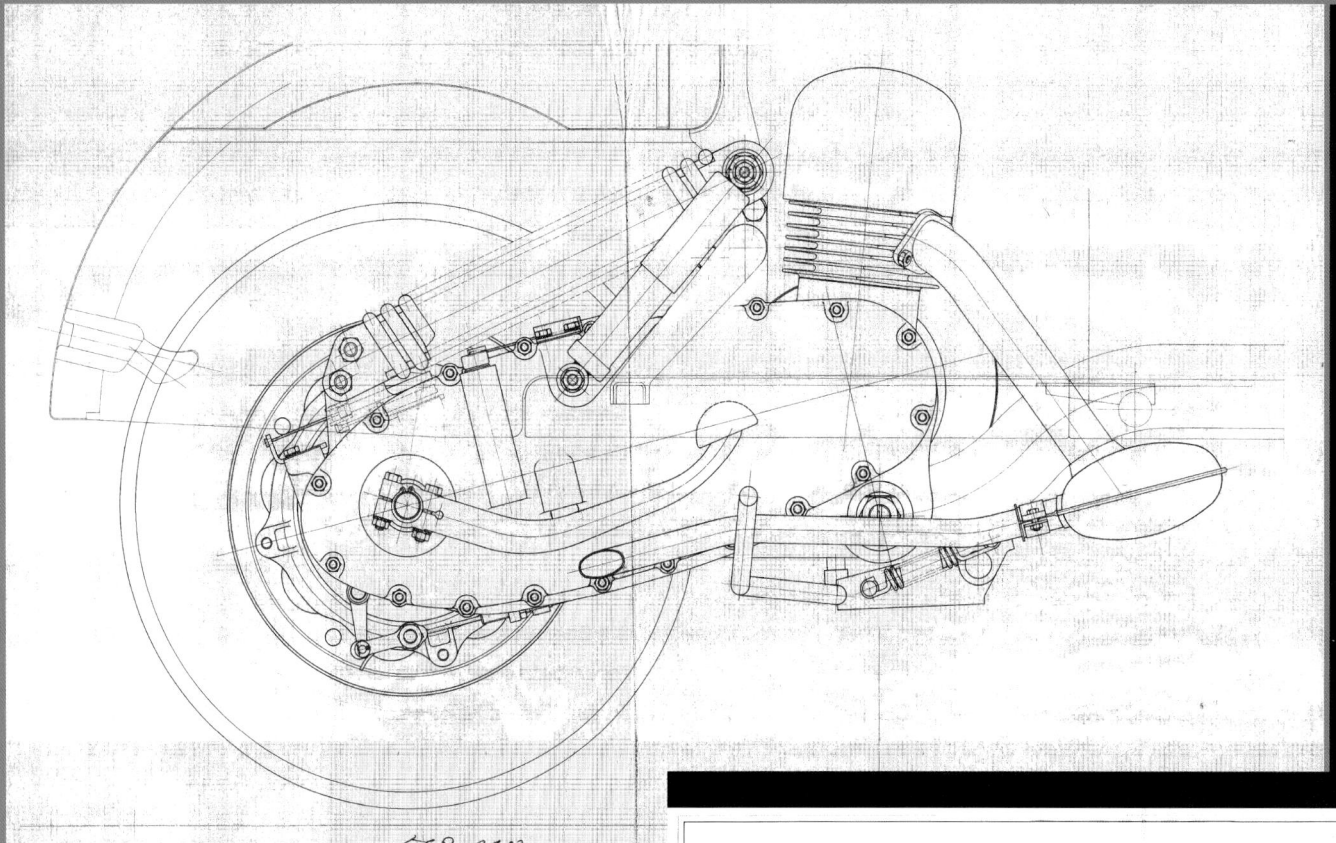

Non si può certo affermare che il Centro Studi della Innocenti fosse a corto di idee: una marmitta in fusione di alluminio era già stata utilizzata dalla Rumi per il suo Formichino, però questa era certamente più raffinata e originale.

This study provided for the fitting of the Bosch system in place of the traditional flywheel magneto, with the adoption of a larger casing to contain the starting system. Unfortunately, this interesting study was never to go into production.

Un interessante complessivo dell'esperimento 110 con il nuovo gruppo trasmissione a catena ma con il cilindro in posizione quasi verticale. La marmitta rispecchia ancora la forma della serie precedente D-LD. Curioso notare che il numero di esperimento dato dalla Innocenti non si riferisce a un motore specifico ma a uno studio per un nuovo modello. Infatti nell'archivio sono presenti differenti soluzioni tecniche sempre codificate come "esp. 110", ma molto diverse tra di loro.

An interesting overview of Experiment 110 with the new chain transmission assembly, but with the cylinder set almost vertically. The exhaust silencer is still of the same type as the preceding D-LD series. It is curious to note that the number of the experiment given by Innocenti refers not to a specific engine, but to a study for a new model. The archive in fact contains various technical features always designated as "esp. 110", but very different to one another.

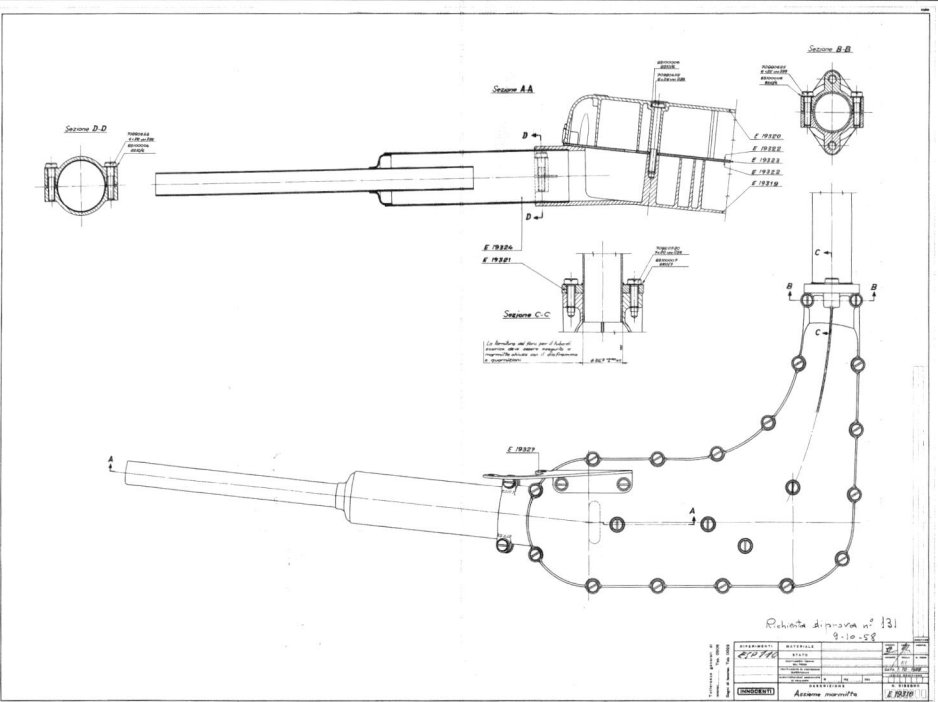

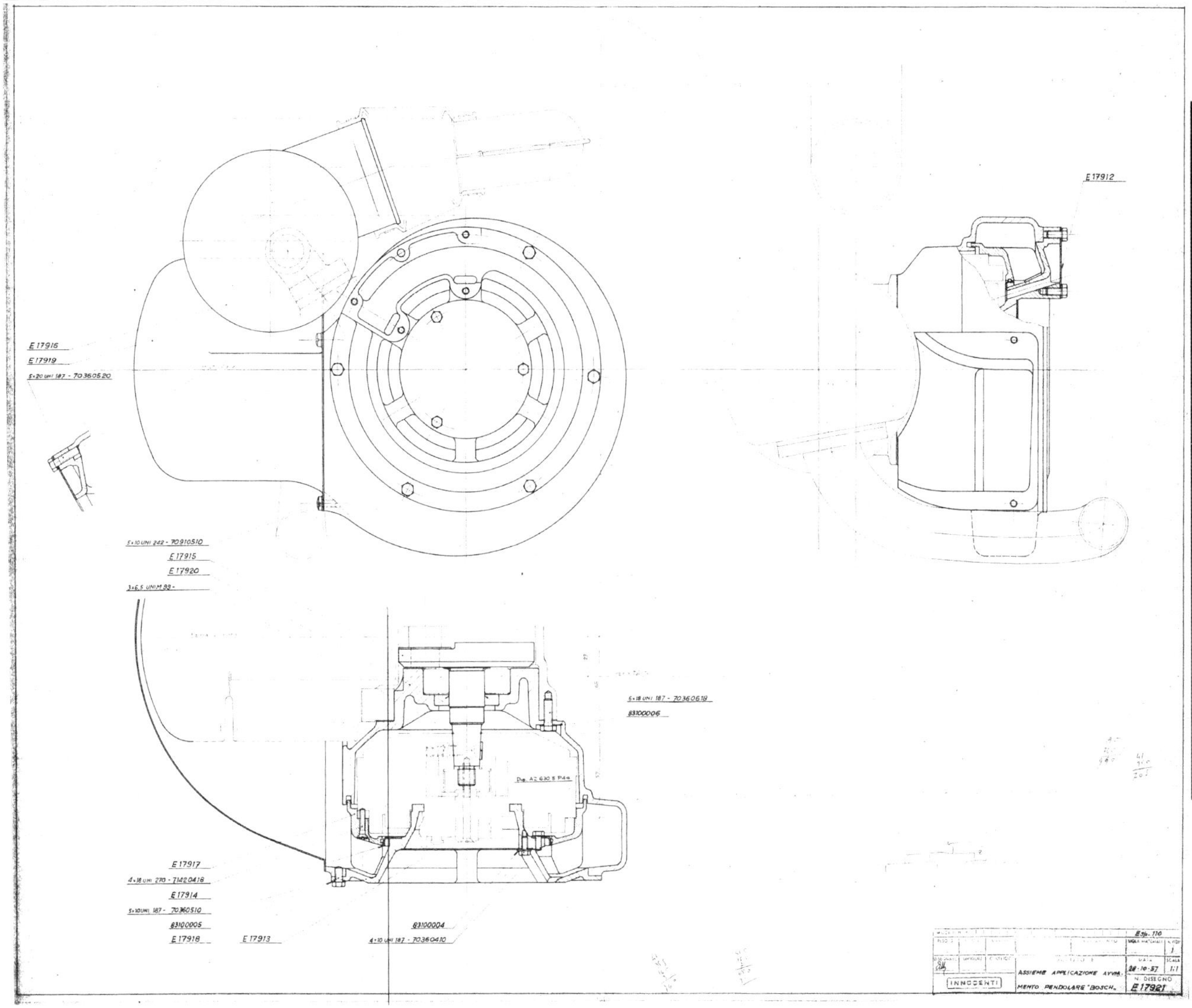

TV/LI

Questo studio prevedeva il montaggio del sistema Bosch al posto del tradizionale volano magnete, con l'adozione di un carter più grande per contenere il sistema di avviamento. Purtroppo questo interessante studio non verrà mai messo in produzione.

This study provided for the fitting of the Bosch system in place of the traditional flywheel magneto, with the adoption of a larger casing to contain the starting system. Unfortunately, this interesting study was never to go into production.

Quando trovai questo disegno rimasi sconcertato: avevano già provato nel 1958 i silent-block maggiorati per ridurre la fastidiose vibrazioni e invece... "da archiviare, risultato negativo". Sinceramente non so come possano aver sentenziato una cosa del genere per poi riproporla dopo quattro anni riproporla con successo.

I was stunned when I found this drawing: in 1958 they had already tried larger silent-blocks to reduce troublesome vibrations and instead... "to be shelved, result negative". I sincerely find it hard to understand how they decreed such a thing only to introduce the feature successfully four year later.

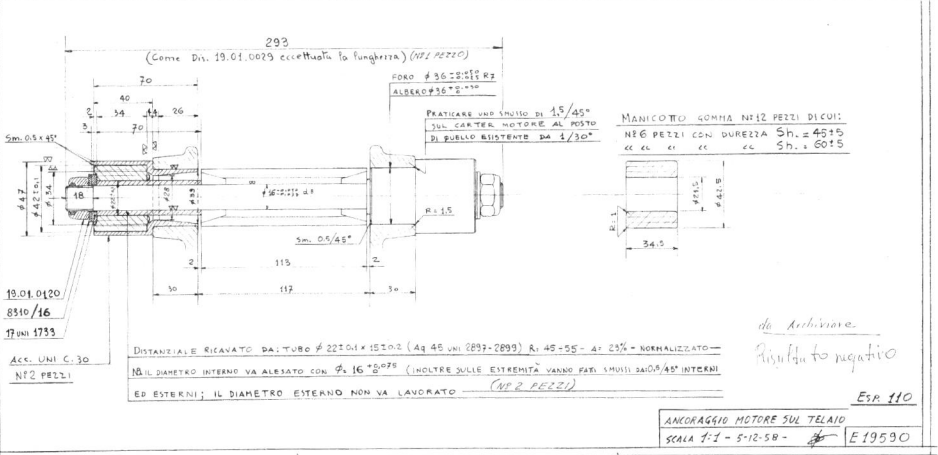

Per ridurre i costi di produzione si pensò anche di adottare dei mozzi ruota semplificati e di ridotte dimensioni, forse per differenziare la 175 TV (modello di lusso) dalla più popolare 150 LI. Questa soluzione non ebbe seguito perché si preferì unificare i modelli per non investire ulteriormente sui costi delle attrezzature e degli stampi.
Nello studio della carrozzeria venne anche impostata la variante con il parafango anteriore girevole, che riprendeva quello già in uso sulla serie precedente LD. Non siamo a conoscenza del perché non sia stato utilizzato, forse per la troppa somiglianza a quello della sua acerrima nemica Vespa o forse perché il parafango fisso era ormai diventato un simbolo del nuovo corso stilistico della Innocenti.
Sta di fatto che il parafango non venne mai utilizzato dalla Innocenti, ma migrò in Spagna dove la Eibar lo fece suo per il nuovo modello LI seconda serie, prodotto su licenza per diversi anni in terra iberica.
Un'ulteriore interessante esperimento fu lo studio per montare l'avviamento elettrico sul nuovo motore LI. L'Innocenti credeva molto nell'avviamento elettrico, forse spronata dalla grande popolarità di questo utile accessorio sugli scooter tedeschi, inglesi e giapponesi.
Già dal 1954 la 125 LD era equipaggiata, a richiesta, di questo pratico sistema di avviamento e fino al 1958 era normalmente a listino con un piccolo sovrapprezzo sul modello a pedale.
Per la 150 LI si studiò un meccanismo a dinamo-motore, molto in voga sui modelli tedeschi e prodotto da diversi anni dalla Bosch.
In pratica veniva sostituita la flangia lato volano con una più grande che potesse contenere il voluminoso sistema di avviamento.
Non sappiamo se sia mai stato sperimentato su un modello marciante, certo è che il progetto fu prematuramente abbandonato e non più sviluppato.
Molto interessante è anche la proposta del 5 dicembre 1958 per l'applicazione di silent-block più grandi per ridurre le vibrazioni del motore. In pratica si tratta dello stessa idea che poi verrà adottata sulla nuova 175 TV terza serie, ma ben quattro anni dopo!

Vista lato destro del primo prototipo 150 LI assemblato per le foto di presentazione. In questo modello le ruote e i mozzi sono una versione semplificata di quelli utilizzati sulla 175 TV. Si noti il freno anteriore di ridotte dimensioni, che verrà in seguito unificato al posteriore.

Right-hand side-view of the first 150 LI prototype assembled for the presentation photos. On this model the wheels and hubs were simplified versions of those used on the 175 TV. Note the smaller front brake that was later unified with the rear unit.

TV/LI

Disegno costruttivo del famoso parafango girevole, inizialmente progettato per differenziare la nuova LI dalla lussuosa TV. Questo progetto verrà in seguito proposto alla licenziataria spagnola Lambretta Locomociones SA di Eibar che lo adotterà su tutta la produzione della sua LI seconda serie.

An engineering drawing of the famous turning mudguard, initially designed to differentiate the new LI from the luxurious TV. This design was subsequently offered to the Spanish licensee Lambretta Locomociones SA of Eibar, which adopted it throughout production of its second series LI.

to underpin the entire Lambretta range through to the end of production in 1971.

In order to reduce production costs, simplified and smaller wheel hubs were also taken into consideration, in part perhaps to differentiate the more plebeian 150 LI from the aristocratic 175 TV. This feature was however never taken any further as the company decided to unify the models rather than make further investments in tooling.

The bodywork design studies also saw the return of the variant with the turning front mudguard, reprising the feature that had been in use on the earlier LD series. We do not know why it was not adopted, perhaps because it was too close to that of its bitter rival the Vespa, or perhaps because the fixed mudguard had by then become a symbol of Innocenti's new styling direction. The fact remains that the turning mudguard was never used by Innocenti, but did migrate to Spain where Eibar adopted it for its new LI Series II model, produced under license for several years.

A further interesting experiment concerned a study for the fitting of an electric starter to the new LI engine. Innocenti believed strongly in electric starting, perhaps encouraged by the great popularity of the technology on German, British and Japanese scooters. As early as 1954, the 125 LD had been equipped on request with this practical system and through to 1958 it was always offered at a small extra cost compared to the kick-start model. For the 150 LI a dynamo-motor system was designed, very popular on German models and produced by Bosch for some years. In practice, the flange on the flywheel side was replaced with a larger one that could contain the voluminous starting system. We do not know whether the system was ever tested on a running scooter, what is certain is that the project was abandoned and never taken any further.

There was also a very interesting proposal dated 5 December 1958 for the application of larger silent-blocks to reduce engine vibration. In practice, this was the same idea that was to be adopted on the new 175 TV Series III, but four years later!

Nella vista tre quarti posteriore del prototipo preserie si può notare il coperchio del volano verniciato color nero e la maniglia passeggero del tipo fissata alla sella anteriore, che verrà poi introdotta dalla macchina n. motore 728.651. Nella vista anteriore si vede chiaramente il tipo di pneumatico montato già dal prototipo: il famoso Pirelli SC93 che verrà utilizzato fino alla fine della produzione Lambretta.

In the three-quarters view of the pre-production prototype you can see the black-painted flywheel cover and the passenger grab-handle foxed to the front saddle, subsequently introduced from the example with engine No. 728.651. The front view clearly shows the type of tyre already fitted to the prototype, the famous Pirelli SC93 which was to be used through to the end of Lambretta production.

TV/LI

Il curioso portapacchi in lamiera era già previsto in sede di sviluppo finale. Si tratta di un particolare molto strano perché non fu mai inserito nei cataloghi ricambi, insieme al suo cuscino imbottito, ma era comunemente disponibile fino alla seconda serie LI 125-150.

The curious pressed-steel luggage rack was already present during the final development. This was a very unusual detail as it never appeared in the parts catalogues, together with its padded cushion, but was officially available through to the second series LI 125-150.

Come per la LD, il modello di 150 cc era sempre fornito con il tachimetro di serie, mentre per la 125 era solo a richiesta. La scala fino a 100 km/h rimase uguale anche per i modelli successivi 150 LI.

As with the LD, the 150 cc model was always supplied with a speedometer as standard while for the 125 it was only fitted on request. The 100 kph dial was the same for the successive 150 LI models.

PROGETTAZIONE E SVILUPPO 125 LI

Per la versione più economica di 125 cc valgono le stesse considerazioni del modello 150, ma con alcune interessanti varianti.

Come da tradizione Innocenti, la versione di 125 cc era da sempre considerato il modello più economico e meno rifinito, che in effetti erano le stesse scelte costruttive che la Piaggio adottò per la Vespa 125, quando nacque la 150 cc.

Per la nuova 125 LI la direzione commerciale aveva previsto un allestimento molto economico e minimalista, per poter offrire il modello ad un prezzo di assoluta concorrenza. Rispetto alla versione di 150 cc la 125 era caratterizzata da diverse economie meccaniche ed estetiche: il cambio a sole tre marce, l'assenza di fregi alle fiancate, la mancanza del tachimetro e del bloccasterzo, l'impianto elettrico senza batteria e diverse semplificazioni di finiture; sullo scudo non era previsto il bordo in gomma e alcuni particolari erano verniciati invece che lucidati, inoltre i listelli poggiapiedi erano realizzati in alluminio zigrinato invece che con gli inserti in gomma.

Successivamente, poco prima dell'entrata in produzione, si ritenne che la cura "dimagrante" fosse stata eccessiva e che il nuovo modello avrebbe certamente deluso le aspettative della tradizionale clientela Innocenti.

Si decise, quindi, di eliminare alcune semplificazioni di progetto: il cambio diventò a quattro marce e i lussuosi fregi sulle fiancate vennero rimessi al loro posto. Sui primi esemplari prodotti si preferì non montare il bordo scudo in gomma e il bloccasterzo, ma poi ci si rese conto che era una economia minima e, alla fine del 1958, venne inviato un comunicato a tutte le agenzie Lambretta di montare gratuitamente il bordo in gomma e il bloccasterzo. Oggi è quindi molto raro ritrovare una 125 LI della prima produzione senza questi particolari accessori.

Tre belle immagini originali della 125 LI preserie senza i fregi ai cofani, il profilo allo scudo e il bloccasterzo. Guardandole attentamente si può notare che anche la ghiera sotto lo sterzo non era cromata ma bensì verniciata come la carrozzeria.

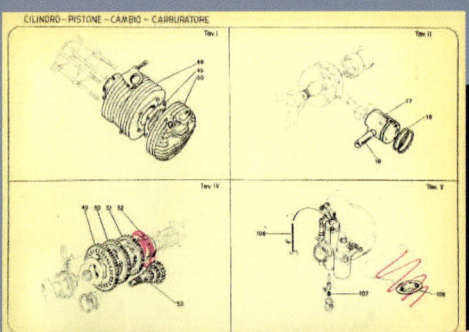
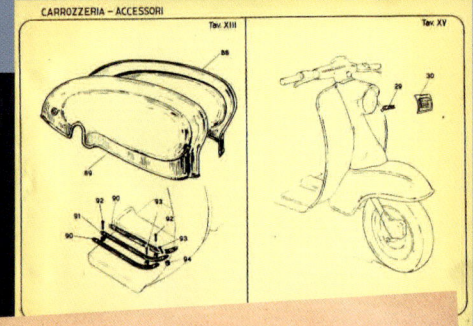

Un interessante estratto dal catalogo ricambi "provvisorio" della LI: nella parte finale sono descritte le varianti per la 125 cc e, tra queste, la più curiosa è certo l'eliminazione di una marcia per il modello più economico. La correzione in rosso con lo schizzo della quarta marcia è stata fatta dal signor Marri, uno degli addetti alla catalogazione dei ricambi.

An interesting extract from the "provisional" parts catalogue for the LI: at the end are described the variants for the 125 cc and among them the most interesting is without doubt the elimination of a gear for the cheapest model. The correction in red with the sketch of the 4th gear was made by Sig. Marri, one of the staff responsible for the cataloguing of the parts.

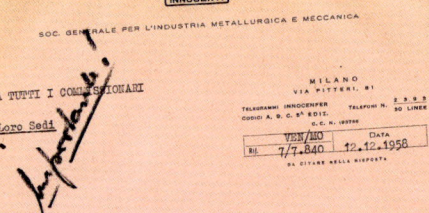

TV/LI

DESIGN AND DEVELOPMENT OF THE 125 LI

For the more economical 125 cc version, the same considerations apply as to the 150, albeit with a number of interesting variants.

As per Innocenti tradition, the 125 cc version was always considered as the more economical and less well equipped model, which was the same philosophy Piaggio adopted for the Vespa 125 when the 150 cc version was introduced.

For the new 125 LI, the commercial department had called for a very economical and minimalist configuration so that it could sell the model at an absolutely competitive price. Compared to the 150 cc version, the 125 was characterised by various mechanical and stylistic cost-cutting exercises. For example, the gearbox with just three speeds, the absence of trim on the side panels, the absence of a speedometer and a steering lock, the electrical system with no battery and various finish simplifications. There was no rubber trim on the leg-shield and a number of details were body-coloured rather than plated. The footboards were in textured aluminium with no rubber inserts. Later, just before the model went into production it was felt that the economy drive had been excessive and the new model risked disappointing the traditional Lambretta clientele. It was therefore decided that some of the simplifications would themselves be eliminated and the four-speed gearbox and the luxurious trim on the side panels were restored to their rightful places. The first examples to leave the production lines still lacked the rubber edging on the leg-shield until it was realised that the savings here were minimal and at the end of 1958 all the Lambretta dealers received a letter asking them to fit the rubber trim and a steering lock free of charge. Today, it is very rare to find a first series 125 LI without these two particular accessories.

Tree fine original photos of the pre-production LI with no trim on the side panels, no leg-shield profile and no steering lock. Careful inspection reveals that the bezel under the steering was not chrome-plated but rather painted the same colour as the bodywork.

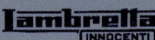

150 LI Produzione di serie

La nuova Lambretta si chiamerà 150 LI. Ma perché LI? A questa domanda vi rispondo con il testo originale che l'Innocenti scrisse in occasione di un concorso a quiz condotto da Edy Campagnoli: «La L significa Lusso e la I determina il tipo della Lambretta secondo la progressione alfabetica».

La 150 LI venne presentata in pompa magna il 19 aprile 1958 nel piazzale dello stabilimento Innocenti assieme ad un'altra grande novità, il moto-furgoncino FD/C Giardinetta per il trasporto di persone, disegnato e prodotto dalla Ghia di Torino. All'importante battesimo parteciparono diversi personaggi famosi dello spettacolo e del giornalismo fra cui le note attrici Pinuccia Nava, Edy Campagnoli e Sandra Mondaini, il comico Erminio Macario, gli sportivi Dulio Loi e Adolfo Consolini, e tanti altri ancora. Un avvenimento di risonanza mondiale che servìall'Innocenti per dimostrare ancora una volta la superiorità dei suoi prodotti rispetto alla concorrenza italiana e straniera.

DOMANDE TECNICHE

26. D. : Da che cosa trae origine il nome LAMBRETTA ?
R. : Da Lambro, fiumicello della Brianza che, passando alla periferia di Milano, dà nome alla zona di Lambrate.

27. D. : Quale è il significato della sigla LI con cui è battezzata la nuova Lambretta 150 ?
R. : La "L" significa "lusso" e la "I" determina il tipo della Lambretta secondo la progressione alfabetica

28. D. : Di che misura erano i pneumatici della Lambretta tipo A ?
R. : 3,50 x 7

29. D. : Di che misura sono i pneumatici della Lambretta LI ?
R. : 3,50 x 10

30. D. : Quante marce aveva la Lambretta tipo A ?
R. : 3

31. D. : Quante marce ha la Lambretta tipo LD 150 ?
R. : 3

32. D. : Quante marce ha la Lambretta" tipo LI 150 ?
R. : 4

33. D. : Quale marcia impiegherebbe per superare la salita di Ponte Alto con una Lambretta LI con due persone a bordo?
R. : Con la 4a

34. D. : Perchè l'ultima Lambretta offre maggiore stabilità dei precedenti tipi?
R. : Perchè la le ruote più alte ed il baricentro più basso

35. D. : Di quale struttura è il telaio della Lambretta esclusi i primi due tipi A e B ?
R. : In tubo di acciaio

36. D. : Il motore della Lambretta LI è del tipo cosidetto quadro? Cosa significa?
R. : La corsa è quasi uguale all'alesaggio 58 x 57

./.

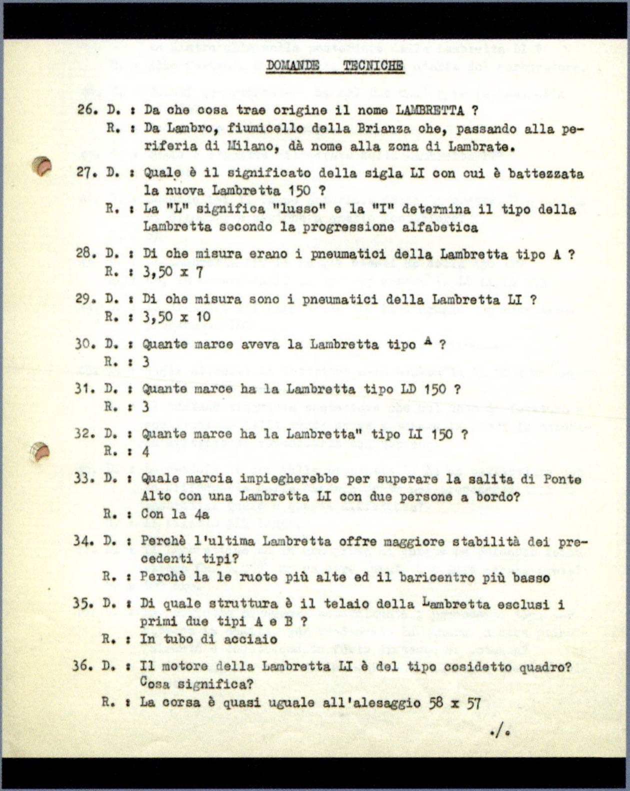

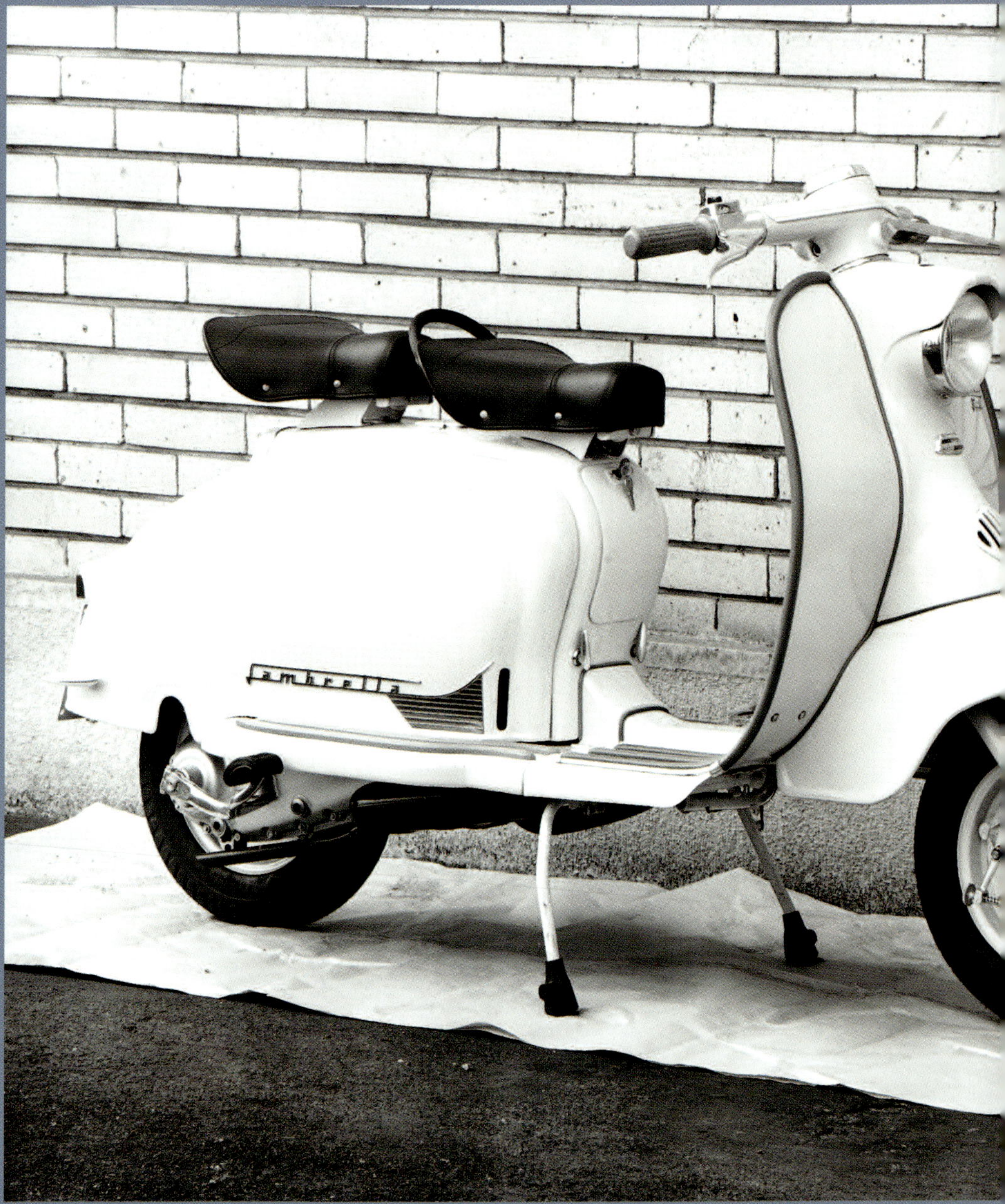

TV/LI

Mass production of the 150 LI

The new Lambretta was to be called the 150 LI. Why LI? I shall answer this question with the original response that Innocenti provided on the occasion of a quiz show conducted by Edy Campagnoli: "The L stands for Luxury and the I identifies the type of Lambretta in alphabetical order".

The 150 LI was presented with great pomp and ceremony on the 19th of April 1958, in the courtyard of the Innocenti factory, together with another novelty, the passenger-carrying FD/C Giardinetta three-wheeler, designed and built by Ghia of Turin. Present at the all-important baptism were a number of famous show business personalities and journalists including the well-known actresses Pinuccia Nava, Edy Campagnoli and Sandra Mondaini, the comedian Erminio Macario, the sportsmen Dulio Loi and Adolfo Consolini and many others. A event with global reach that helped Innocenti demonstrate once again the superiority of its products with respect to their Italian and foreign rivals.

Surprisingly, for the presentation and the initial production batch, the River Grey colour scheme was preferred to the more elegant two-tone paintwork already successfully tested on the 150 LD 1957 series. Only a few months later did the company offer the two-tone versions in various colours.

Success was immediate because the new model truly was a scooter of the very highest quality with performance and equipment that were clearly superior to those of all its rivals, including the Vespa. The strengths of the new Lambretta could be summarized in five fundamental characteristics:

Facsimile of the information leaflet that Innocenti sent to all its dealers announcing the launch of the new 150 LI. This was in April 1958 and the 150 LD was still officially on offer, even though production had already been suspended in the December of 1956.

Riproduzione del foglio informativo che la Innocenti spedì a tutte le sue concessionarie per avvisare dell'arrivo sul mercato della nuova 150 LI. Siamo ad aprile del 1958 e la 150 D era ancora regolarmente a listino, sebbene la sua produzione fosse stata sospesa già nel dicembre del 1956.

Stranamente per la presentazione, e per la successiva prima produzione, si preferì la colorazione monocromatica Grigio Fiume al posto della più elegante verniciatura bicolore, già sperimentata con successo sulla serie 150 LD del 1957. Solo dopo alcuni mesi verranno offerte anche le versioni bicolore in differenti tonalità.
Il successo fu immediato perché il nuovo modello era veramente uno scooter di altissimo livello con prestazioni ed equipaggiamento decisamente superiori a tutti i concorrenti, Vespa compresa. I punti di forza della nuova Lambretta si potevano riassumere in cinque fondamentali caratteristiche: motore perfettamente bilanciato, ruote da 10 pollici, cambio a quattro marce, freni sovradimensionati, carrozzeria ampia e confortevole.
Uno scooter votato ai grandi viaggi, con un'affidabilità assoluta e prestazioni vicine a quelle di una motocicletta di pari cilindrata e il cui prezzo di vendita, di 150mila lire, rimase invariato rispetto al modello precedente, pur avendo delle caratteristiche tecniche ben al di sopra della vecchia versione LD.

Particolare dell'impianto di aspirazione nel telaio, tipico della prima produzione. Questo impianto fu in seguito implementato con un filtro cilindrico di carta ed infine modificato con una aspirazione sotto la sella anteriore e con il filtro ovale, sempre di carta.

A detail of the induction system in the frame, typical of the early examples. This system was subsequently implemented with a cylindrical paper filter and then modified with an intake below the front saddle and with an oval paper filter.

Per la presentazione della 150 LI fu allestita una grande festa presso il Centro Studi Innocenti; decine di giornalisti e persone famose dello spettacolo intervennero all'elegante kermesse e, in tale occasione, fu anche presentato il nuovo FDC Giardinetta, il primo motocarro Lambretta destinato al trasporto delle persone prodotto in collaborazione con la carrozzeria Ghia di Torino.

TV/LI

campioni al battesimo dei nuovi modelli

As usual INNOCENTI gave a preview to the Press of its new «Lambretta 150 Li». The new «Lambretta 150 Fd-c» motorickshaw (truck) was presented on the same occasion. The function was attended by leading authorities in the Italian motor cycling world, also by well-known sportsmen, stage and cinema actors and a large number of journalists. A characteristic note was struck by the roller and track tests which supplied plenty of colourful material to the four news film companies that took pictures of the event.
1. The well-known artiste, Pinuccia Nava, was the first to face up to the roller test. Pictured (from right) are Grande Ufficiale Emanuele Bianchi, President of Federmoto - Prof. Guido Robecchi, Presidente of A.N.C.M.A. - Signor Giuseppe Ambrosini, Director of the «Gazzetta dello Sport». 2. Edy Campagnoli and Marisa Borroni, the two charming women announcers of Italian Television. 3. The brilliant variety actress Sandra Mondaini steps triumphantly from the motorickshaw (truck). Beside her is the actor Giulio Marchetti. 4. (From left) Marisa Borroni, Pinuccia Nava and Edy Campagnoli try out the comfort of the motorickshaw (truck). 5. An exceptional trio:

Duilio Loi, the European lightweight boxing champion, takes comedian Macario and former Adolfo Consolini Olympic world disc-throwing champion for a trial run. 6. Edy Campagnoli. 7. Duilio Loi and Pinuccia Nava. 8. Macario. 9. Consolini and Loi. 10. Macario courageously plays up to boxer, Duilio Loi, who looked like running him down. 11. Signor Ambrosini, Director of the «Gazzetta dello Sport», also tested the comfort of the motorickshaw (truck) accompanied by his editor Luigi Grassi.

Comme d'habitude la Société INNOCENTI a présenté en avant-première à la presse le nouveau «Lambretta 150 Li». Dans la même occasion on a présenté le nouveau «motorickshaw» «Lambretta 150 Fd-c». Les plus hautes autorités du Motocyclisme italien, des champions sportifs, des acteurs du théâtre et du cinéma et, naturellement, de nombreux journalistes ont participé à la manifestation. Un trait caractéristique a été représenté par l'épreuve sur rouleaux et par l'épreuve sur route qui ont fourni un abondant matériel pittoresque aux quatre services d'actualités qui ont filmé l'événement.

1. Pinuccia Nava, la fameuse actrice de théâtre, s'est soumise la première à l'épreuve sur rouleaux. Sur la photo, de droite à gauche, M. Emanuele Bianchi, président de la Federmoto, M. Guido Robecchi, président de l'A.N.C.M.A. et M. Giuseppe Ambrosini, directeur de la «Gazzetta dello Sport». 2. Les deux charmantes speakerines de la Télévision Italienne, Edy Campagnoli et Marisa Borroni. 3. Sandra Mondaini, la spirituelle vedette de variété, descend triomphalement du «motorickshaw»; à son côté l'acteur Giulio Marchetti. 4. Marisa Borroni (de gauche à droite), Pinuccia Nava et Edy Campagnoli essaient le confort du «motorickshaw». 5. Un trio exceptionnel: le boxeur Duilio Loi, champion européen des poids légers, promène le fameux comique Macario et l'olympique Adolfo Consolini, ancien recordman mondial du disque. 6. Edy Campagnoli. 7. Duilio Loi et Pinuccia Nava. 8. Macario. 9. Consolini et Loi. 10. Macario menace, très courageusement, le boxeur Duilio Loi qui voulait le heurter avec son Lambretta. 11. Le Directeur de la «Gazzetta dello Sport» a essayé lui aussi, avec son rédacteur Luigi Grassi, le confort du «motorickshaw».

Il nuovo impianto di aspirazione con la bocchetta sotto la sella anteriore. Due le ragioni di questa modifica:
1) la presa d'aria posteriore aspirava la polvere causata dal ricircolo d'aria che si formava in quella zona della carrozzeria;
2) spesso capitava che le gonne delle ragazze andassero a tappare la griglia, provocando lo spegnimento del motore.

The new intake system with the mouth below the front saddle. This major modification was made for two reasons:
1) the rear air intake drew in dust due to the recirculation of air that occurred in that area of the bodywork; 2) it was frequently the case that girls' skirts blocked the grille, causing the engine to cut out.

a perfectly balanced engine, 10" wheels, a four-speed gearbox, oversized brakes and voluminous, comfortable bodywork.
A scooter with a vocation for long trips, boasting absolute reliability and performance approaching that of a motorcycle of a similar displacement. The retail price was pegged at 150,000 Lire, the same as the previous model despite having a technical specification far superior to that of the old LD.
During its production run, which lasted just under two years, various technical modifications were made to the LI, the result of it having a completely new mechanical design that was in continuous evolution. Even though Innocenti has never talked in terms of first, second or third versions, we can identify the various models on the basis of important modifications adopted during the course of production.

The presentation of the 150 LI was done in grand style at the Innocenti Study Centre; dozens of journalists and show business celebrities attended the elegant party at which the new FDC Giardinetta was also presented, the first Lambretta commercial vehicle designed for transporting passengers and produced in collaboration with the Ghia coachbuilding firm of Turin.

Durante la sua produzione, durata poco meno di due anni, ricevette diverse modifiche tecniche, soprattutto dovute al progetto della meccanica, completamente nuova ed in continua evoluzione. Sebbene l'Innocenti non abbia mai parlato di prima, seconda o terza versione, possiamo determinare i modelli in base ad importanti modifiche adottate nel corso della produzione.

La prima versione si caratterizza per i fori ovali ai cofani, come la 175 TV, e per la vernice monocolore Grigio Fiume. La seconda per i cofani senza fori, per l'impianto di aspirazione ancora nel telaio e per l'introduzione della verniciatura in allestimento bicolore. Infine la terza versione si contraddistingue per l'impianto di aspirazione con filtro di carta e presa d'aria sotto la sella. Venne prodotta dall'aprile del 1958 ad ottobre del 1959 in 119.044 esemplari, certamente un numero importante e comunque molto vicino a quello della 150 LD 1957, che aveva totalizzato la bellezza di 117.929 pezzi costruiti. Probabilmente l'Innocenti si sarebbe aspettata un risultato ancora più consistente, ma forse una novità così radicale non era ancora entrata nella mentalità dei Lambrettisti e solo con la seconda serie della 150 LI si raggiunse, per poi superarle, la cifra record di 200mila unità.

La classica vista laterale sinistra, con lo sfondo del muro in mattoni dello stabilimento Innocenti. Si tratta di un modello definitivo ma non ancora pronto per la produzione in serie; infatti il coperchio volano era ancora dipinto in nero e la forma del mozzo posteriore sarà in seguito modificata.

The classic left-hand side view, with the brick wall of the Innocenti factory in the background. This was a definitive model but not yet ready for serial production; in fact, the flywheel cover was still painted black and the shape of the rear hub was subsequently to be modified.

TV/LI

In questo scatto si notano il voluminoso porta targa destinato al mercato tedesco, che adottava targhe di identificazione molto più grandi rispetto a tutte quelle degli altri Paesi europei. Monta la sella lunga, che era disponibile a richiesta al posto delle più tradizionali selle singole.

Of note in this photo is the voluminous number plate holder for the German market that had much larger number plates that those of the other European countries. The long saddle is fitted, an accessory available on request in place of the traditional single saddles.

The first version was characterised by the oval portholes on the side panels, like those of the 175 TV and the solid River Grey colour scheme. The second was instead distinguished by side panels without portholes, the intake system within the chassis and the introduction of two-tone paintwork. Lastly, the third version can be identified by the intake system with a paper filter and air intake beneath the saddle. The LI was produced from the April of 1958 to October 1959 in 119,044 examples, a significant total and very close to that of the 150 LD 1957, of which no less than 117,929 examples had been constructed. Innocenti had probably hoped for even better results, but perhaps such radical innovations had yet to be accepted by the Lambrettisti and only with the second series did the 150 LI reach and then surpass the record total of 200,000 units.

Nell'immagine tre quarti posteriore del modello di serie si vede benissimo il tipo di terminale montato fino alla macchina n. di motore 739.571, che era di forma perfettamente tonda con la parte finale tagliata a fetta di salame; successivamente verrà adottato un terminale a piccola espansione, per ridurre ulteriormente il rumore dei gas di scarico. Notare che non è stata ancora montata la leva del freno posteriore.

The rear three-quarters view of the production model clearly reveals the type of end pipe fitted through to engine No. 739.571, perfectly round with the end section cut obliquely. Later an end pipe with a small expansion chamber was fitted to further reduce exhaust noise. Note that the rear brake lever had yet to be fitted.

125 LI, LA PRODUZIONE DI SERIE

La versione di 125 cc venne proposta al pubblico un paio di mesi dopo il lancio della 150, e più precisamente il 30 giugno 1958. Per la presentazione di questo modello non venne allestita la faraonica manifestazione ideata per il lancio della 150 LI, ma si preferì un ben più modesto comunicato stampa ed una circolare commerciale a tutti i concessionari autorizzati. Ed in effetti il nuovo modello, essendo una copia economica della 150, non era certo quella grande novità da sbandierare con orgoglio alla stampa specializzata.

Inizialmente venne offerta nella sola tinta unita Grigio Alba, mentre dalla fine dello stesso anno vi fu la possibilità di ordinare i cofani in colorazione Grigio Acciaio Scuro. Pur essendo la versione più economica della produzione Innocenti, la 125 LI era comunque un modello assolutamente superiore alla sua concorrente Piaggio. Infatti, rispetto alla Vespa 125, era dotato di ruote da 10 pollici, di freni di grande diametro, di un cambio a quattro marce ad elevata selettività e di una carrozzeria ampia e confortevole per l'uso in coppia.

Durante la sua produzione ha avuto le stesse migliorie della 150, oltre all'aggiornamento dell'impianto elettrico con l'adozione di una scatola di regolazione per stabilizzare la

Per alcuni mercati stranieri venivano applicate delle vistose scritte "Lambretta" per meglio identificare il prodotto Innocenti. Negli USA già con la LD vennero introdotte queste scritte appariscenti.

For certain markets eye-catching "Lambretta" scripts were added to better identify the Innocenti product. These scripts were introduced in the USA with the LD model.

TV/LI

MASS PRODUCTION OF THE 125 LI

The 125 cc version was presented to the public a couple of months after the launch of the 150, on the 30th of June 1958 to be precise. With this new model, a more economical copy of the 150, there were not actually any great novelties to proudly present to the specialist press.

Initially, it was only offered in a solid Dawn Grey livery, while from the end of that year clients could order the side panels finished in Dark Steel Grey.

Even though this was the most economical model in the Innocenti range, the 125 LI was nonetheless clearly superior to its Piaggio rival. Compared to the Vespa 125, in fact, it was fitted with 10" wheels, large diameter

Questa immagine ritrae una 125 LI appena pochi giorni prima della sua entrata in produzione: ha già tutte le caratteristiche estetiche dei modelli della prima versione, ma ha ancora i buchi sui cofani, particolari che poi non verranno adottati all'avvio della produzione in serie.

This photo shows a 125 LI just a few days before it went into production: this example already boasts all the styling features of the definitive first version, but still has the oval apertures on the side panels that were instead eliminated on the mass production models.

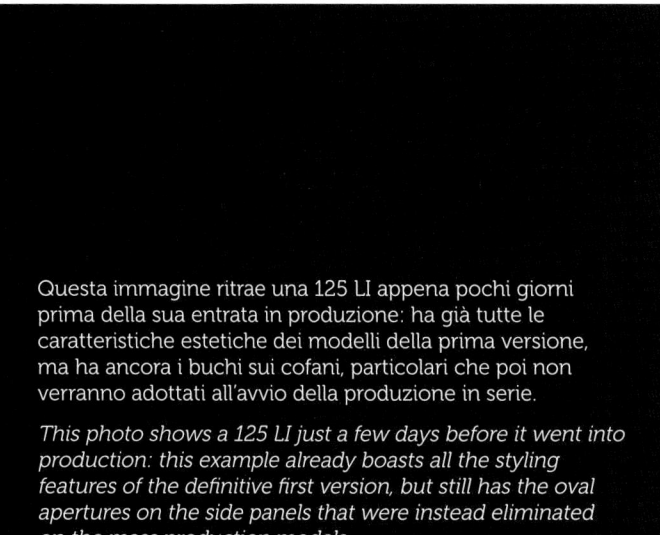

corrente e ridurre il fastidioso fenomeno della bruciatura delle luci di posizione ad alti regimi. Nelle foto di presentazione si può osservare che i cofani hanno i buchi come la 175 TV. In realtà anche le più vecchie 125 LI conosciute non hanno questi particolari ed è quindi verosimile che le foto mostrino un modello ancora in fase di preserie.

È interessante notare che la maniglia tonda del passeggero sulle foto di preserie è del tipo adottata dopo le prime 9 266 macchine costruite, mentre sulla prima produzione venne montata la maniglia piatta fissata alla sella posteriore. Il portapacchi in lamiera era un accessorio a richiesta disponibile per entrambe le cilindrate, anche se poi venne montato soprattutto sella versione di 125 cc.

TV/LI

Lo stesso esemplare della pagina precedente, monta i pneumatici marca "Ceat" che normalmente erano destinati ai modelli più economici del listino Lambretta.

The same example seen on the previous page. The scooter is fitted with "Ceat" branded tyres normally destined for the more economical models in the Lambretta range.

brakes, a four-speed constant mesh gearbox and voluminous bodywork offering comfort for two.

During its production run it received the same improvements as the 150, along with the updating of the electrical system with the adoption of a regulator for stabilizing the current and reducing the bothersome problem of the bulbs burning out at high engine speeds. The presentation photos show that the side panels had oval portholes like those of the 175 TV. In reality, even the earliest examples of the 125 LI we know of do not have this feature and it is therefore quite likely that the photos are of a preproduction model.

It is interesting to note that the round passenger grab handle in the preproduction photos is of the type adopted after the first 9,266 machine had been constructed, while the first production batch was fitted with the flat handle fixed to the rear saddle. The pressed steel luggage rack was an optional extra available for both displacements, although it was more commonly fitted to the 125 cc version.

Per il mercato anglosassone era ancora prevista la targa sul parafango anteriore. Sui modelli LD veniva fissate ad entrambi i lati del parafango, mentre in questo caso si era pensato di realizzare un supporto sulla cresta del parafango per montare una targa unica bifacciale.

Sempre la 125 LI destinata al mercato inglese; in questa vista si possono apprezzare l'attraente stemma rotondo decorato che impreziosisce lo scudo della Lambretta. Questa placca raffigurava un leone, simbolo dell'Inghilterra, con sullo sfondo la croce di San Giorgio.

A front number plate holder was still fitted for the British market. On the LD models it was fixed to both sides of the mudguard, while in this case a support was created on the crest of the mudguard to fit a single double-sided number plate.

The 125 LI destined for the British market again; this view shows the attractive decorated round badge that embellished the Lambretta's leg shield. This plaque depicted a lion, a symbol of Britain, with the cross of St. George in the background.

Tecnica 125-150 LI

È ora il momento di analizzare a fondo le importanti novità introdotte nella 125-150 LI, rispetto al modello precedente LD del 1957.

Per la carrozzeria e la telaistica valgono le stesse considerazioni della serie 175 TV, mentre per il gruppo motore le differenze sono sostanziali. Rispetto al motore delle serie LD e precedenti, il cambiamento è epocale ed in pratica non c'è nessuna parte che possa ricordare i vecchi modelli. Cambio, trasmissione, frizione, gruppo termico, tutti sono di nuova progettazione distaccandosi completamente dalla tecnica costruttiva che aveva caratterizzato tutta la produzione Innocenti dal 1947 al 1958. Ma andiamo con ordine.

Il gruppo termico venne posizionato orizzontalmente con il collettore di scarico fissato con viti e non più con la ghiera in ottone. L'albero motore, molto più resistente, era supportato dal lato volano da uno speciale cuscinetto a rulli scomponibile e la lunghezza della biella venne ridotta da 116 a 107 mm, mantenendo la corsa in-

Un interessante modello sezionato, destinato alle fiere ed esposizioni internazionali; attualmente gli unici modelli sezionati conosciuti sono 6: 125 LD'54, 175 TV 2 e 150 LI3 e sono esposti al Museo Scooter & Lambretta, una 175 TV2 è al Museo della Scienza di Milano, una 150 LI2 è conservata in Brasile da un collezionista privato e una 150 LI3 è esposta in un museo in Ungheria. Dell'esemplare della foto non si hanno informazioni di dove possa essere finito.

An interesting cutaway example destined for international shows and exhibitions; currently there are only six cutaway models we know of: the 125 LD '54, 175 TV 2 and 150 LI 3 are on show at the Scooter & Lambretta Museum, a 175 TV2 is at the Museum of Science in Milan, a 150 LI2 has been preserved by a private collector in Brazil and a 150 LI3 is on show in a museum in Hungary. We have no information about the example in the photo and no idea of its whereabouts.

TV/LI

Engineering 125-150 LI

It is now time to take a closer look at the significant innovations introduced on the 125-150 LI, compared to the earlier LD 1957 model.

In terms of the bodywork and frame, the same considerations apply with respect to the 175 TV, while there were substantial changes to the engine assembly. Compared with the engine of the LD series and earlier models, the change was radical and in effect there was not a single component that recalled the old models. The gearbox, transmission, clutch and cylinder and head assembly were all new designs that broke away completely from the engineering that had characterised Innocenti's entire output between 1947 and 1958. But let's take things in order.

Nella vista a sinistra si può osservare l'impianto di aspirazione nel telaio, tipico della prima produzione e il raddrizzatore di corrente di forma cilindrica, come la 150 LD, che è stato montato fino alla macchina n. di motore 719.165. Successivamente fu adottato un modello rettangolare più efficiente per proteggere l'impianto dalle dannose sovratensioni.

In the view on the left we can seen the intake system in the frame, typical of the early examples and the cylindrical rectifier, as on the 150 LD, that was fitted from engine No. 719.165. Later a more efficient rectangular model was fitted to protect the electrical system from power surges.

variata a 58 mm. Altra importante novità nel gruppo termico fu la rotazione dell'albero motore in senso orario invece che antiorario; questa modifica portò ad avere un dado sinistrorso per il fissaggio del volano magnete.
Per quanto riguarda la trasmissione, come già accennato, venne introdotta la catena duplex al posto dell'albero e il gruppo frizione era ora posizionato nella parte posteriore del carter, a lato del gruppo cambio. Per proteggere il cambio da eventuali rotture vennero montati ben due parastrappi, uno sul pignone del'albero motore e uno sulla corona interna della frizione. Rispetto alla D-LD la frizione era a quattro dischi di grandi dimensioni con cinque molle, una soluzione talmente robusta che non verrà mai cambiata nel corso degli anni, pur con il considerevole aumento della potenza degli ultimi modelli.
Anche il cambio era completamente nuovo. Se per la LD era a tre marce con ingranaggi scorrevoli, per la nuova LI si optò per un moderno quattro marce con ingranaggi sempre in presa e manicotto scorrevole per gli innesti. Un cambio robusto e indistruttibile, caratterizzato dalla possibilità di cambiare senza frizione, come ben specificato sul manuale delle riparazioni.
Con il nuovo carter motore tutti i comandi sono stati posizionati nella parte alta del propulsore, agevolando così la sostituzione del cavi e delle guaine.
Il meccanismo d'avviamento, croce e delizia del modello precedente che subì una serie interminabile di modifiche, era ora semplicissimo e assolutamente elementare da montare e registrare.
Analizzando con cura il motore della LI si fa veramente fatica a credere che possa provenire dalla stessa fabbrica che aveva prodotto quello della D-LD. Il motore ad albero delle serie precedenti era una complicazione senza limiti, un insieme d'ingranaggi e cuscinetti degni di una "centrale atomica". Ranelle, spessori, boccole in ogni angolo e viti e dadi di ogni misura e sezione. È incredibile come il Centro Studi Innocenti abbia potuto inventare un motore così nuovo e così distaccato dalla sua tradizione decennale. Questo motore è ancora oggi assolutamente attuale e moderno, solo la trasmissione a catena è stata soppiantata da quella a cinghia ma la struttura di insieme è ancora pienamente utilizzata da quasi tutti gli scooter sul mercato internazionale. Colgo l'occasione per ringraziare questi validissimi tecnici, che hanno saputo staccarsi dalla tradizione e inventare uno dei più bei motori da scooter del mondo.

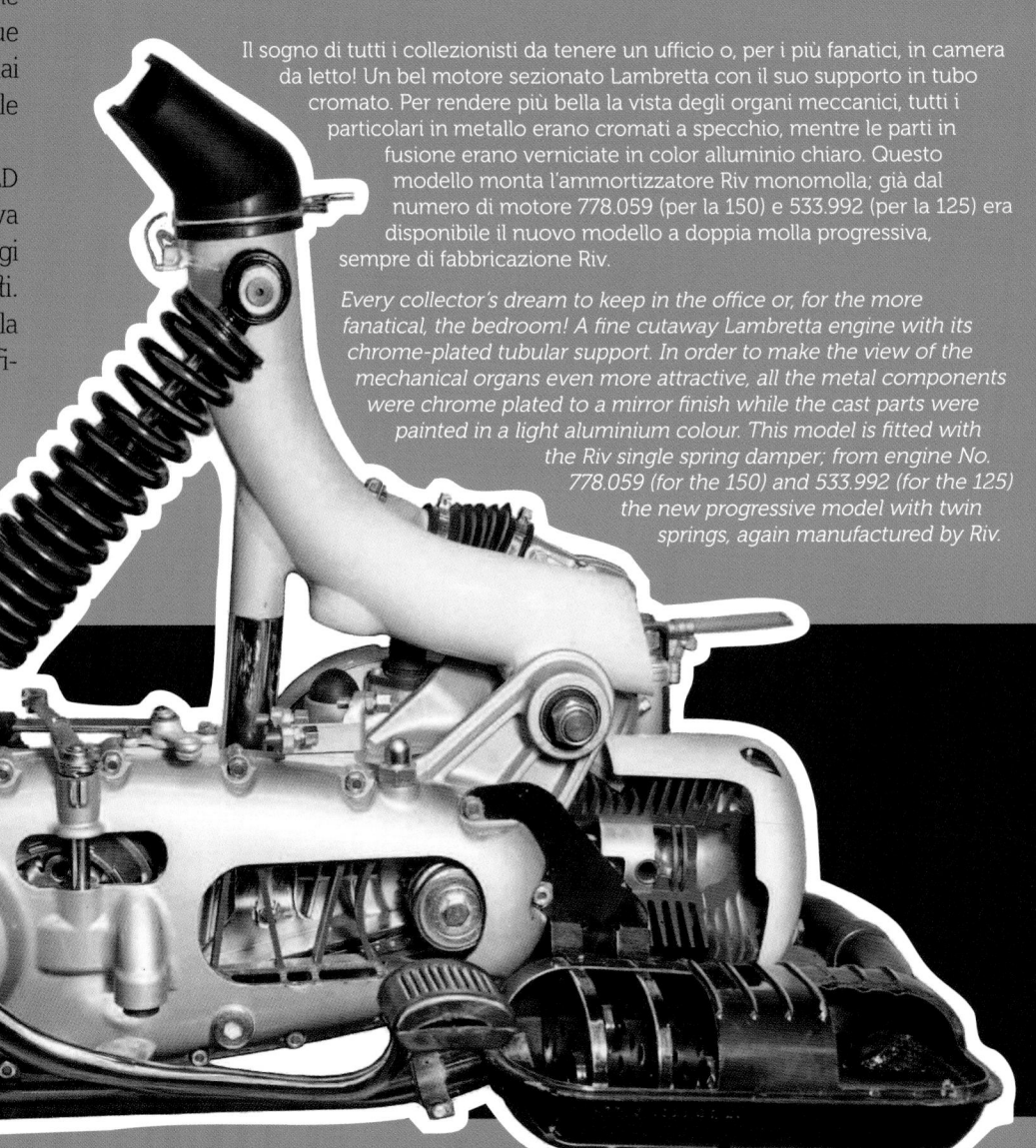

Il sogno di tutti i collezionisti da tenere un ufficio o, per i più fanatici, in camera da letto! Un bel motore sezionato Lambretta con il suo supporto in tubo cromato. Per rendere più bella la vista degli organi meccanici, tutti i particolari in metallo erano cromati a specchio, mentre le parti in fusione erano verniciate in color alluminio chiaro. Questo modello monta l'ammortizzatore Riv monomolla; già dal numero di motore 778.059 (per la 150) e 533.992 (per la 125) era disponibile il nuovo modello a doppia molla progressiva, sempre di fabbricazione Riv.

Every collector's dream to keep in the office or, for the more fanatical, the bedroom! A fine cutaway Lambretta engine with its chrome-plated tubular support. In order to make the view of the mechanical organs even more attractive, all the metal components were chrome plated to a mirror finish while the cast parts were painted in a light aluminium colour. This model is fitted with the Riv single spring damper; from engine No. 778.059 (for the 150) and 533.992 (for the 125) the new progressive model with twin springs, again manufactured by Riv.

TV/LI

In questa vista dal lato sinistro si possono notare il tipo di marmitta adottato sulla prima versione con la fascetta del tubo posizionata a metà dell'impianto perché una parte del tubo principale era saldata alla marmitta. Questo modello di scarico, con il terminale a tubo tondo, rimarrà in produzione fino alla macchina n. motore 739.571 (per la 150) e 518.144 (per la 125).

In this view from the left-hand side we can see the type of exhaust adopted on the first version with the clamp placed in the middle of the system because part of the pipe was welded to the silencer. This model of exhaust, with the round tail pipe, was to remain in production through to engine No. 739.571 (for the 150) and 518.144 (for the 125).

*The cylinder barrel and head assembly was positioned horizontally with the exhaust manifold being fixed with screws rather than a brass ring. The much stronger crankshaft was supported on the flywheel side by a special removable roller bearing and the length of the connecting rod was reduced from 116 to 107 mm, the stroke being unchanged at 58 mm. Another important difference with the engine was the rotation of the crankshaft in a clockwise rather than anti-clockwise direction; this modification led to the adoption of a nut with a left-hand thread fixing the flywheel magneto. With regard to the transmission, as mentioned previously, a duplex chain replaced the shaft drive and the clutch assembly was now located at the back of the casing, to one side of the gearbox assembly. In order to protect the gearbox from breakages, no less than two torque limiters were fitted, one on the crankshaft pinion and one on the internal clutch sprocket. Compared to the D-LD, the clutch was a large four-plate unit with five springs, a design that was so robust that it was never to be changed over the course of the years, despite the considerable increase in power of the later models.
The gearbox was also all-new. While the LD had three speeds and sliding cogs, the new LI was given a modern*

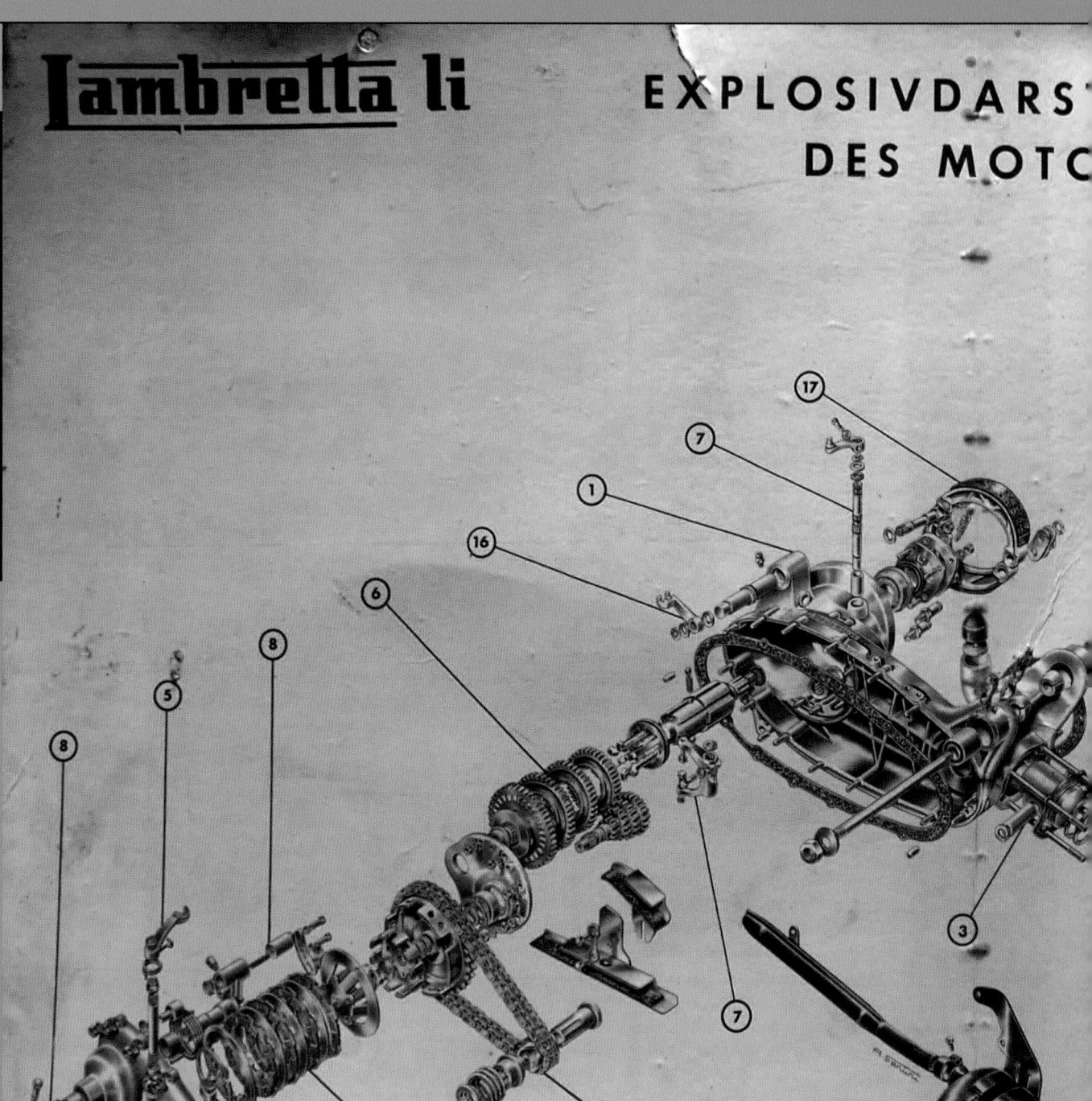

Bellissimo esploso a colori del motore completo della serie LI. Questo tipo di cartellone era venduto direttamente dalla Innocenti dal maggio 1959 al prezzo di 110 lire per la versione normale e 300 lire per il modello plastificato. Era principalmente destinato ai negozi e officine autorizzate per mostrare alla clientela le particolarità costruttive del motore della loro Lambretta. In questo caso si tratta di una versione specifica per il mercato tedesco.

TV/LI

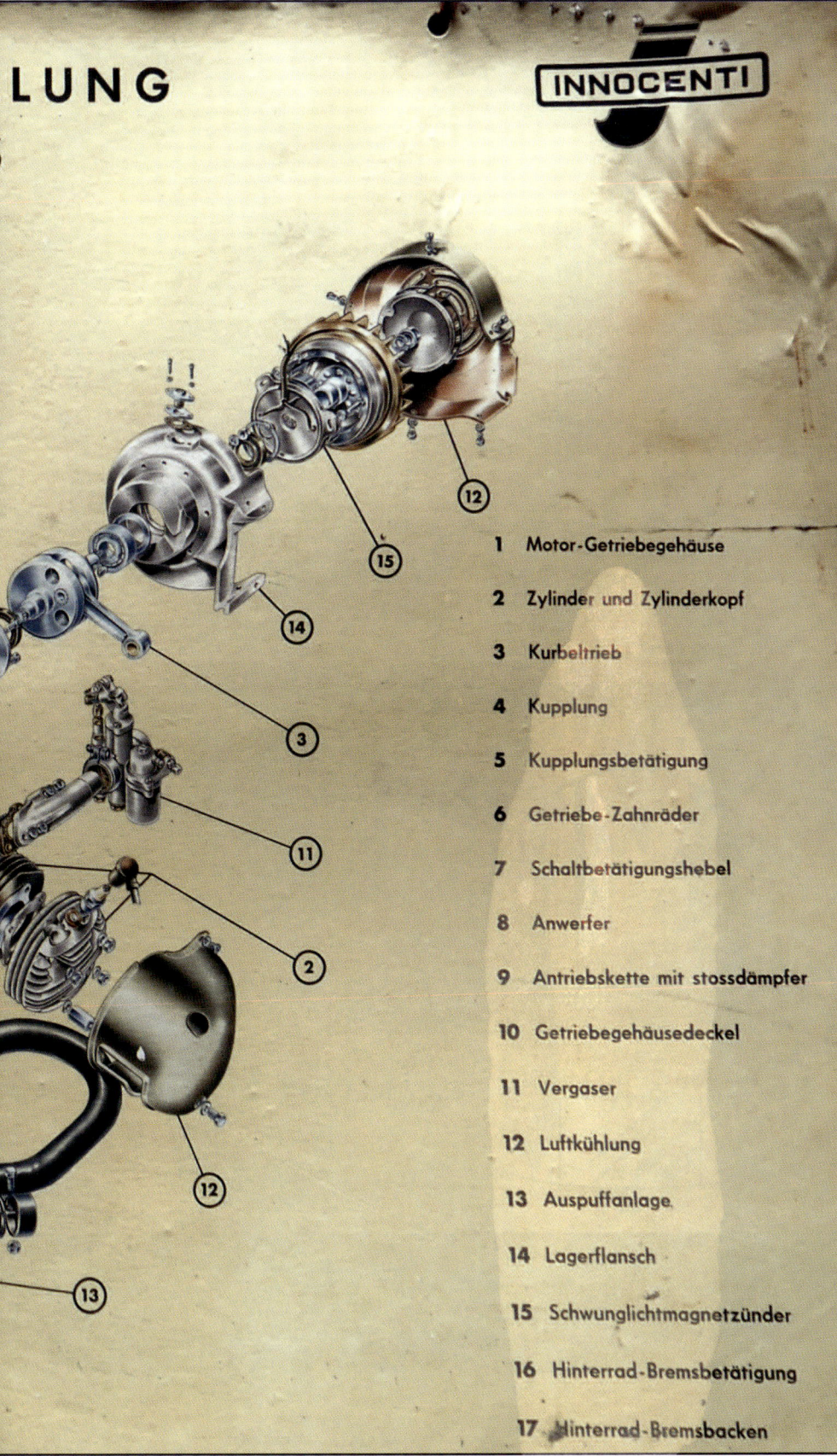

1. Motor-Getriebegehäuse
2. Zylinder und Zylinderkopf
3. Kurbeltrieb
4. Kupplung
5. Kupplungsbetätigung
6. Getriebe-Zahnräder
7. Schaltbetätigungshebel
8. Anwerfer
9. Antriebskette mit stossdämpfer
10. Getriebegehäusedeckel
11. Vergaser
12. Luftkühlung
13. Auspuffanlage
14. Lagerflansch
15. Schwunglichtmagnetzünder
16. Hinterrad-Bremsbetätigung
17. Hinterrad-Bremsbacken

four-speed 'box with constant mesh gears and a sliding dog selector. A robust, indestructible gearbox, characterised by the possibility of clutchless gear changing, as specified in the repair manual.

With the new crankcase, all the controls were positioned at the top of the engine, facilitating the replacement of cables and sheaths. The starting mechanism, a mixed blessing on the previous model and subjected to an interminable series of modifications, was now extremely simple and very straightforward to fit and adjust.

On careful analysis, it is difficult to believe that the LI engine could have come from the same factory that had produced the D-LD power unit. The shaft-drive engine of the previous series had proved to be one limitless complication, an assembly of gears and bearings worthy of a "nuclear power station". Washers, spacers and bushes everywhere and screws and nuts of all kinds and dimensions. The fact that the Innocenti Research Centre was capable of inventing such a new engine, so far removed from the company's decade-long tradition was incredible. This engine is still today a thoroughly modern design, with only the chain drive having been superseded by the more modern belt; otherwise the basic configuration is still used by almost all scooters on the international market. I would like to take this opportunity to thank the talented engineers who proved capable of breaking away from tradition to create one of the world's finest scooter engines.

A beautiful exploded view in colour of the complete LI series engine. Posters of this kind were sold directly by Innocenti from May 1959 at the price of 110 Lire for the normal version and 300 Lire for a laminated one. It was principally intended for authorised retailers and workshops to show clients the engineering details of their Lambretta's engine. In this case it was a specific version for the German market.

Saloni e fiere

Come di consuetudine Innocenti era sempre presente a tutte fiere motoristiche internazionali con stand di grande impatto visivo e con descrizioni tecniche molto dettagliate. La feroce battaglia con la Vespa era sempre attiva e il campo di battaglia preferito erano i saloni motociclistici, in ogni stato e in ogni città. Sul finire degli anni Cinquanta gli stand Innocenti raggiunsero il loro apice attraverso grandi spazi espositivi, cartelli giganti e l'esposizione di numerosi modelli in tutti i colori disponibili.

Gli argomenti per attrarre il pubblico presente erano sempre gli stessi. Dal motore centrale e bilanciato al telaio in tubo di grande sezione, dai freni sovradimensionati al cambio a quattro velocità. Tutte eccellenze che la Vespa non poteva certo vantare e che erano certamente molto rassicuranti per il futuro scooterista.

Il più famoso distributore Lambretta nel mondo Peter Agg, impegnato a mostrare a dei clienti privilegiati le superiori caratteristiche della Lambretta 175 TV.

The world's most famous Lambretta distributor Peter Agg, illustrating the superior features of the Lambretta 175 TV to privileged clients.

Shows and trade fairs

Questa foto è stata scattata durante la Mostra del Ciclo e Motociclo di Milano del 1957; In primo piano una bella esposizione di 175 TV, novità assoluta di quella manifestazione.

This photo was taken during the Milan Bicycles and Motorcycles Show in 1957; in the foreground a fine display of 175 TVs, the true novelty of the event.

As usual, Innocenti was present at all the international motor shows with stands of great visual impact and with highly detailed technical descriptions. The ferocious battle with the Vespa was ongoing and the battlegrounds of choice were the motorcycling shows in every country and every city. The Innocenti stands reached their apex in the late Fifties, to their spaciousness, gigantic display boards and the presentation of numerous models in all the colours available.

The arguments used to attract the public were always the same. From the central, well-balanced engine to the frame in large-section tubes, from the oversized brakes to the four-speed gearbox. All features that the Vespa certainly could not boast and which were all particularly reassuring for would-be scooterists.

In occasione di questi importanti eventi, venivano allestiti dei modelli sezionati per poter far conoscere le qualità del prodotto Lambretta anche nei punti più remoti e inaccessibili. Purtroppo nessuno di questo modelli sezionati è giunto fino a noi, o almeno al momento non si è a conoscenza di esemplari sopravvissuti. A titolo di cronaca i modelli Lambretta sezionati attualmente conosciuti sono sei, fra cui una 125 LD del 1953, una 150 LI 2, due 175 TV2 e due 150 LI3.

In quel periodo in Italia si svolgevano ben due manifestazioni motociclistiche all'anno, tutte e due a Milano: una in aprile durante la Fiera Campionaria di Milano e l'altra in novembre, la classica Mostra del Ciclo e Motociclo. In questo caso siamo durante la Fiera Campionaria del 1958 al Palazzo dello Sport.

In that period two motorcycle shows were held in Italy, both in Milan; the first in April at the Milan trade Fair and the second in November, the classic Bicycle and Motorcycle Show. In this case the show is at the Trade Fair in the Palazzo dello Sport in 1958.

Un bel primo piano della Lambretta LI sezionata. Siamo sempre nell'aprile del 1958 e la regina di questa manifestazione era la nuovissima 150 LI. Per la 125 si dovrà aspettare ancora qualche mese, e più precisamente giugno 1958.

A great close-up of the cutaway Lambretta LI. The photo dates from April 1958 and the queen of this event was the brand new 150 LI. The 125 was a few months down the line appearing in June 1958.

TV/LI

On the occasion of these important events, cut-away models were prepared that illustrated the most remote and inaccessible features of the Lambretta product. Unfortunately, none of these cut-away models has reached us, or at least at the moment we do not know of any survivors. For the record, there were six cutaway Lambrettas we currently know of, including a 125 LD 1953, a 150 LI 2, two examples of the 175 TV2 and two of the 150 LI3.

Come da tradizione Innocenti la linea motofurgoni non riceveva subito le migliorie dei nuovi modelli Lambretta. Nel 1958 la LI era già in piena produzione, ma i motocarri adottavano ancora il motore 150 derivato dalla LD, anche se migliorato nella scatola cambio con l'aggiunta della retromarcia.

In the best Innocenti traditions, the commercial vehicle range had to wait for the improvements introduced to the Lambretta models. In 1958 the LI was already in full production, but the three-wheelers were still fitted with the 150 engine derived from the LD, albeit with an improved gearbox featuring a reverse gear.

Pubblicità 150-125 LI

Per lanciare la nuova serie LI Innocenti preparò una campagna pubblicitaria molto intensiva e con una diffusione capillare in tutti i più importanti mercati scooteristici mondiali. Lo slogan principale che accompagnò tutta la promozione commerciale era la seguente: "Un grande passo nella tecnica motoristica". Ed in effetti il grande passo c'era tutto: il nuovo motore, la nuova carrozzeria, le nuove dimensioni.

Oltre a questo slogan la pubblicità fece leva sulle peculiari caratteristiche tecniche della Lambretta, che non poteva certo vantare la sue concorrente Vespa, e quindi ecco "I tradizionali punti di eccellenza della Lambretta: stabilità, perfezione, comodità, eleganza".

Una serie di dépliant pubblicitari della nuova linea LI: colori diversi per diverse lingue, l'ufficio propaganda era molto attento a questo importante aspetto della comunicazione e preparava comunicati in quasi tutte le lingue del mondo.

A series of advertising brochures for the new LI line: different colours for different languages, the marketing department was very attentive to this important aspect of communications and prepared releases in almost all the languages spoken around the world.

Advertising the 150-125 LI

In order to launch the new LI, Innocenti prepared an extremely intensive advertising campaign with capillary distribution on all the most important scooter markets around the world. The principal slogan that accompanied all the commercial promotions was the following: "Un grande passo nella tecnica motoristica" (A great step forwards in engine technology). And it has to be said, that the step forwards in question was particularly long given the new engine, new bodywork and new dimensions.

In quel periodo le esportazioni segnarono, per l'Innocenti, un importante risultato che posizionava la Lambretta al vertice delle vendite internazionali dei motoveicoli prodotti in Italia. Un record inseguito per anni che, nel biennio 1957-1958, riuscì finalmente a strappare allo stabilimento rivale di Pontedera.

Questa simpatica immagine è stata scattata a Milano presso il bacino artificiale dell'Idroscalo. Questo lago artificiale era stato costruito durante il Fascismo su ordine di Benito Mussolini perché si prevedeva un importante incremento dei voli con gli idrovolanti e ogni grande città avrebbe dovuto essere fornita di questo tipo di scalo. In pratica non fu mai usato per quello scopo ma divenne, per tutti i milanesi, il mare di Milano, dove fare un bagno rinfrescate oppure prendere il sole d'estate.

This attractive photo was taken in Milan at the Idroscalo reservoir. This artificial lake was constructed during the Fascist period at the behest of Mussolini as a significant increase in the number of flying boat flights was predicted and every large city was to be provided with this kind of facility. It was never actually used for this purpose but for the locals it became Milan's seaside, a place for a cooling dip or sunbathing during the summer.

TV/LI

La fine degli anni Cinquanta fu il periodo più roseo per la produzione Innocenti, le esportazioni raggiunsero livelli impressionati e, finalmente, la Lambretta superò la Vespa nei dati complessivi di vendite all'estero.

Un motore e un telaio perfettamente bilanciato sono sempre state le caratteristiche tecniche più divulgate nelle campagne pubblicitarie in tutto i mondo. Era certamente un punto di forza della Lambretta rispetto alla Vespa, con il suo motore laterale assolutamente poco stabile.

The late Fifties was the rosiest period for the Innocenti range, exports reached impressive levels, with the Lambretta finally overtaking the Vespa in the overall number of foreign sales.

A perfectly balanced engine and frame were always the technical features most frequently emphasised in the advertising campaigns around the world. It was certainly the Lambretta's strong suit with respect to the Vespa with its highly unstable lateral engine.

Along with this slogan, the advertising emphasised the specific technical characteristics of the Lambretta that its rival, the Vespa, could hardly boast: "The traditional Lambretta strong suits; stability, perfection, convenience, excellence."
In that period, Innocenti was boosted by particularly strong export performance, which placed the Lambretta at the top of the charts of international sales for motor vehicles manufactured in Italy. A record that had been chased for years and which in the period 1957-1958, the company finally prised from the grasp of its rival in Pontedera.

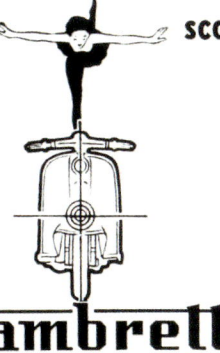

75

Questo periodo è stato sicuramente il più florido e ricco di soddisfazioni per Innocenti. La sua Lambretta era diffusa in maniera capillare in quasi tutto il mondo e, praticamente, solo la Cina non aveva rapporti commerciali con il grande stabilimento di Lambrate. Si può tranquillamente affermare che la Lambretta è stato il prodotto milanese più conosciuto e diffuso nel mondo perché, a nostro avviso, non esiste altro oggetto prodotto a Milano che abbia avuto un successo così universale e planetario. Ancora oggi la LI prima serie è uno degli scooter più ambiti e ricercati da tutti i collezionisti del mondo.

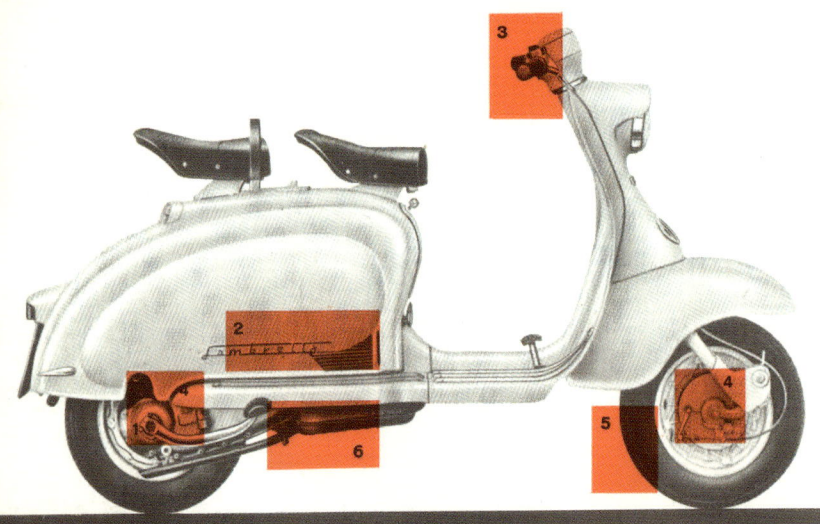

Lambretta 125 li

linea elegante
massimo conforto
doti eccezionali

stabilità in curva
in curva il motore centrale dà ai motor-scooters Lambretta 125 li perfetta stabilità e ne fa risaltare una delle migliori doti

tempestività di frenata
in identiche condizioni di esercizio, Lambretta 125 li Vi darà maggiore tranquillità e maggiore tempestività di frenata.

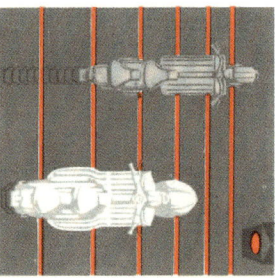

dati generali

motore centrale, monocilindrico, a due tempi, raffreddato in corrente d'aria forzata; lubrificazione a miscela

accensione a volano magnete, bobina alta tensione esterna

cilindro orizzontale in ghisa con testa in lega leggera

trasmissione con catena a doppia maglia, completamente guidata, in carter, a bagno d'olio

cambio a **4 velocità** con ingranaggi sempre in presa

telaio in tubo di acciaio a forte sezione resistente; carenatura in lamiera stampata; fiancate smontabili; ampio bauletto

sospensioni anteriore a bielle oscillanti; posteriore a carter oscillante ammortizzato, caricato da una molla elicoidale a passo variabile

freni ad espansione, mozzi in lega leggera alettati, ed anelli in ghisa

impianto elettrico con alternatore volano che alimenta il faro biluce, il fanalino posteriore, la luce di città e l'avvisatore acustico.

avviamento (1) a pedale, con rapporto elevato ed adatto per una immediata accensione

motore (2) che unisce la massima semplicità al più alto rendimento; il valore della «coppia massima», assai elevato, assicura notevoli doti di ripresa e di marcia in salita

cambio (3) a **4 velocità** di facile manovra, che permette il passaggio da una marcia all'altra anche senza l'uso della frizione

freni (4) ampia superficie frenante, che è fattore di sicurezza e tenuta di strada in qualsiasi circostanza

ruote (5) da 3,50 × 10", per un maggior conforto ed una migliore tenuta di strada

scappamento (6) notevolmente silenzioso, che non supera gli 80 phon

L'acquisto di una Lambretta 125 li dà il diritto all'assistenza tecnica di 3000 stazioni di servizio in Italia e di oltre 3000 stazioni di servizio sparse in tutto il mondo.

dati caratteristici

cilindrata: 123 cc
potenza massima: 5,2 CV
velocità massima: 70/72 km/h
consumo: 2,1 litri
  di miscela ogni
  100 chilometri,
  secondo
  le norme CUNA
capacità serbatoio: 8,5 litri
  (compresa riserva
  di litri 0,750)
autonomia: km 405 circa
passo: 1290 mm

Economia d'esercizio: miscela al solo 4% d'olio

TV/LI

This was without doubt the most prosperous and satisfying period for Innocenti. Its Lambretta was enjoying capillary distribution throughout almost the entire world, with only China not having commercial relations with the Lambrate factory. It may safely be said that the Lambretta was the best-known and most widespread Milanese product in the world as, in our opinion, no other product manufactured in Milan has enjoyed such global success. Still today, the first series LI is one of the most sought-after scooters among collectors throughout the world.

In questa brochure, degli inizi del 1959, sono raffigurati assieme due modelli diversi: la LI prima serie e la TV seconda serie. Questo perché le migliorie introdotte sulla TV, come il manubrio con il faro girevole, furono inizialmente riservate al modello più prestigioso. Per la serie LI si dovette aspettare circa dieci mesi per introdurre queste importanti novità anche sui modelli più economici.

In this brochure from early 1959 two different models are shown together: the first series LI and the second series TV. This was because the improvements introduced to the TV, such as the handlebar with the turning headlight, were initially reserved for the more prestigious model. The LI series had to wait around 10 months for the introduction of these important changes to the more economical models.

TAG Lambretta FÖR SÄKERHETS SKULL

Tyst
Genom sin effektiva ljuddämpare samt sitt insugningssystem med luftkanal i ramen och ljuddämpande luftfilter blir Lambretta tystgående.

Säker
Ni får högsta säkerhet på Lambretta genom motorns mittplacering, den kraftiga stålrörsramen och de berömt effektiva bromsarna.

Praktisk
Här är en av de största fördelarna med Lambretta. Den kan genom sin konstruktion ge plats för det mesta när en pakethållare anbringas.

Ekonomisk
Lambrettan är konstruerad med tanke på att ge även en passagerare bästa komfort. Den har också en bränslesnålhet som gör den till ett önskefordon alla årstider.

SKANDIA-TRYCKERIET, GÖTEBORG

GÖTA MOTOR
HANTVERKARGAT. 54 STOCKHOLM K
TELEFON 54 41 20, 54 41 21, 51 23 00
ÖSTGÖTAGATAN 17 STOCKHOLM S
TELEFON 43 04 35

TV/LI

Per alcuni mercati esteri furono adottati dei soprannomi a seconda dello Stato in cui le Lambretta venivano commercializzate. In Svezia, per esempio, la LI veniva venduta con il nome di "Milano", forse per rimarcare che il prodotto era costruito in Italia e la grande Milano era la sua culla dove era nata nel 1958. Notare l'errore nella foto sei: è raffigurato il motore della 175 TV.

For some foreign markets nicknames were adopted according to the country in which the Lambrettas were sold. In Sweden, for example, the LI was sold under the "Milano" name, perhaps to emphasise the fact that the scooter was built in Italy and the great city of Milan was where it was born in 1958. Note the error in photo six: the engine shown in from the 175 TV.

Foto pubblicitarie di Roberto Zabban

Roberto Zabban nacque a Roma nel 1928 e, dopo pochi anni, si trasferì a Milano con tutta la sua famiglia. Nel 1953 si laureò in giurisprudenza ma la sua vera passione era la fotografia ed infatti, già prima di terminare gli studi, lavorò come apprendista dal famoso fotoreporter Giancolombo, che aveva collaborato con l'Innocenti dal 1948 al 1952. Inizialmente si dedicò al lavoro di fotoreporter per diverse riviste italiane come *Epoca* o *L'Europeo* e poi, in occasione di un servizio fotografico per la Ercole Marelli, trovò la sua strada professionale nella fotografia industriale. Con l'Innocenti lavorò dal 1957 al 1968, realizzando numerose campagne pubblicitarie, sempre con grande professionalità e perfezione nei dettagli, dote che lo distingueva da molti suoi colleghi.

Per realizzare questo servizio fotografico dedicato al lancio della 150 LI, il Dott. Zabban si spostò sul lago di Como, certamente il più amato dai milanesi e luogo di grandi tradizioni motociclistiche. Infatti sulle rive di questo lago nacque nel 1921 la Moto Guzzi, la più grande e importante fabbrica di motociclette italiana.

In order to produce this photographic sequence dedicated to the launch of the 150 LI, Dr. Zabban moved to Lake Como, certainly the Milanese people's favourite and an area of great motorcycling traditions. It was, in fact, on the shores of this lake that in 1921 Moto Guzzi was born and went on to become the largest and most important Italian motorcycle manufacturer.

Promotional photos by Roberto Zabban

Roberto Zabban was born in Rome in 1928 but moved to Milan with his family a few years later. In 1953, he graduated in law but his true passion was photography and even before he had completed his studies he was working as an apprentice to the famous photo-reporter Giancolombo who had worked with Innocenti from 1948 to 1952.

Initially, he devoted himself to photo-reporting for diverse Italian periodicals such as Epoca *and* L'Europeo *but then after producing a reportage for Ercole Marelli he found his professional calling in industrial photography. He worked with Innocenti from 1957 to 1968, creating numerous advertising campaigns, always with great professionalism and painstaking attention*

Tre seducenti ragazze, tre fantastici scooter e quattro bellissimi motoscafi in legno... foto perfetta!

Three seductive girls, three fantastic scooters and four stunning wooden motorboats... a perfect photo!

Nel 2008 tutto il suo archivio fotografico fu donato dalla famiglia Zabban al Centro Cultura di Impresa di Milano. Gli scatti fotografici di questo capitolo, oltre ad alcuni nel resto del libro, fanno parte della raccolta Zabban. Colgo l'occasione per ringraziare di cuore la famiglia Zabban, che ha avuto l'accortezza di conservare questo importante patrimonio storico, ed il Centro per la Cultura d'Impresa di Milano che ha dato la sua generosa disponibilità a fare in modo che queste immagini possano essere conosciute ed apprezzate da tutti gli amici Lambrettisti del mondo.

Il dott. Roberto Zabban, persona di grande cultura e abile fotografo, ci ha regalato questi bellissimi scatti con la nostra insuperabile Lambretta.

Dr. Roberto Zabban, a person of great culture and a skilled photographer, was responsible for these wonderful shots of our unbeatable Lambretta.

Il gruppo musicale americano "The five Glovers" sorridono tutti allegri e felici... sono in sella ad una Lambretta!

The American musical group "The Five Glovers" smiling happily... from the saddle of a Lambretta!

Nel 2008 tutto il suo archivio fotografico fu donato dalla famiglia Zabban al Centro Cultura di Impresa di Milano. Gli scatti fotografici di questo capitolo, oltre ad alcuni nel resto del libro, fanno parte della raccolta Zabban. Colgo l'occasione per ringraziare di cuore la famiglia Zabban, che ha avuto l'accortezza di conservare questo importante patrimonio storico, ed il Centro per la Cultura d'Impresa di Milano che ha dato la sua generosa disponibilità a fare in modo che queste immagini possano essere conosciute ed apprezzate da tutti gli amici Lambrettisti del mondo.

Il dott. Roberto Zabban, persona di grande cultura e abile fotografo, ci ha regalato questi bellissimi scatti con la nostra insuperabile Lambretta.

Dr. Roberto Zabban, a person of great culture and a skilled photographer, was responsible for these wonderful shots of our unbeatable Lambretta.

Il gruppo musicale americano "The five Glovers" sorridono tutti allegri e felici... sono in sella ad una Lambretta!

The American musical group "The Five Glovers" smiling happily... from the saddle of a Lambretta!

TV/LI

Foto d'altri tempi: una delle classiche edicole milanesi degli anni Cinquanta che adornavano le piazze della città, punto di ritrovo per le tradizionali "discussioni" politiche della domenica mattina.

A photo of bygone times: one of the classic Milan newsstands of the Fifties that used to adorn the city streets, meeting places for the traditional Sunday morning political "discussions".

to detail, qualities that distinguished him from many of his colleagues.

In 2008, his entire photographic archive was donated by the Zabban family to the Centro Cultura di Impresa in Milan. The shots reproduced in this chapter, along with others elsewhere in the book, have been drawn from the Zabban collection.

I would like to take this opportunity to thank the Zabban family for their perspicacity in conserving this invaluable historical resource and the Centro per la Cultura d'Impresa in Milan for its generosity in ensuring that these photos can be shared and enjoyed by Lambrettisti throughout the world.

Raduni e manifestazioni

Verso la fine degli anni Cinquanta i raduni dei vari scooteristi raggiunsero il loro apice. Innocenti e Piaggio investirono molto su queste manifestazioni, che si dimostrarono molto utili per promuovere i nuovi modelli e valorizzare i concetti di libertà e aggregazione che venivano ben rappresentati dal motorscooter. Nacquero così, oltre ai tradizionali raduni regionali e nazionali, manifestazioni a carattere internazionale con lunghi trasferimenti in gruppo, sempre assistiti direttamente dalla Casa madre. I nuovi modelli TV e LI sembravano fatti apposta per questo genere di utilizzo perché erano comodi, potenti e super efficienti, immancabili doti per uno scooter votato ai lunghi viaggi.

Praticamente ogni settimana venivano organizzate manifestazioni in tutta Italia attraverso i Lambretta Club regionali e provinciali. Nel caso di raduni all'estero era la stessa Innocenti a farsi carico delle spese di viaggio, pernottamenti compresi. Per la partecipazione alle manifestazioni

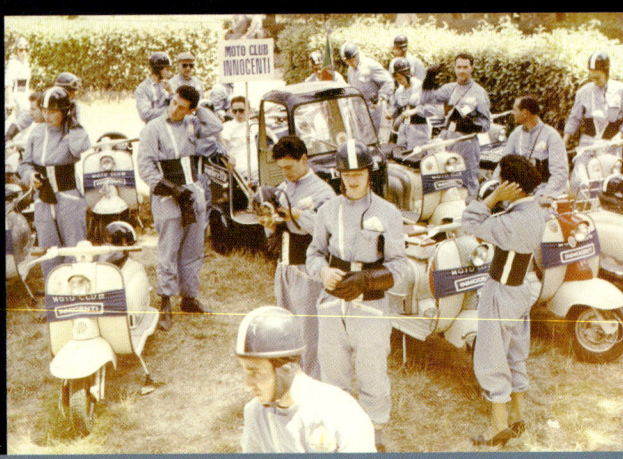

Una rara immagina a colori di un raduno Lambretta ad Arezzo. Si tratta di uno scatto molto interessante perché si possono vedere con chiarezza i colori dei caschi e delle tute che usavano in quel periodo. I lambrettisti facevano parte del Moto Club Innocenti, associazione riservata ai soli dipendenti Innocenti.

A rare colour shot of a Lambretta rally at Arezzo. This photo is particularly interesting because you can clearly see the colours of the helmets and the overalls used in that period. The Lambrettisti belonged to the Moto Club Innocenti, an association reserved for Innocenti employees.

TV/LI

Rallies and events

Towards the end of the 1950s, scooter rallies reached their peak. Innocenti and Piaggio invested heavily in these events, which proved to be extremely useful for promoting new models and valorising the concepts of freedom and aggregation that were so well represented by motor scooters. Alongside the traditional regional and national events, others with an international dimension with long groups rides were also organized, as usual with the direct involvement of the manufacturers. The new TV and LI models seemed to have been purpose-designed for this kind of use because they were comfortable, powerful and extremely efficient, essential qualities for scooters on long-distance trips.

Events were organized almost every week in Italy under the aegis of the regional and provincial Lambretta Clubs. In the case of foreign rallies, Innocenti itself covered the

Una fermata durante il raduno del Narciso nel 1960 vicino a Erba; il concessionario raffigurato è il famoso Valsecchi, uno dei più forti distributori Lambretta in Italia.

A break during the Narciso rally near Erba in 1960; the dealer shown is the famous Valsecchi, one of the biggest Lambretta distributors in Italy.

I tre più importanti dirigenti del Lambretta Club d'Italia durante una premiazione sociale: da sinistra con gli occhiali, Fumagalli, al centro Gigi Villoresi (presidente nazionale) e a destra l'Ing. Tomasi.

The three most important directors of the Lambretta Club d'Italia during a prize-giving event: from the left, in the glasses, Fumagalli, centre, Gigi Villoresi (national president) and on the right, Ing. Tomasi.

internazionali più importanti i Lambrettisti italiani venivano estratti a sorte presso le sedi dei rispettivi Lambretta Club regionali. I fortunati vincitori potevano così partecipare praticamente gratis al raduno e rappresentare con orgoglio il Lambretta Club d'Italia. Uno dei più importanti Lambretta Club era il Moto Club Innocenti, che aveva la sua sede presso lo stabilimento Innocenti, ed era riservato unicamente ai dipendenti della fabbrica.

In queste immagini si può ammirare lo stile quasi militaresco del Club, con sfilate perfettamente allineatte e con un equipaggiamento ordinato e unificato per tutti i partecipanti. Il Moto Club Innocenti era la punta di diamante dei Lambretta Club Italiani e la sua perfetta organizzazione doveva essere di esempio per tutte le altre associazioni.

Una graziosa Lambrettista sta per iniziare il suo percorso durante la Gimkana Lambretta del 1959 organizzata all'interno della fabbrica Innocenti.

A pretty Lambrettista is about to start her run during the Lambretta Gymkhana in 1959, organized in the Innocenti factory.

Alcuni soci del Moto club Innocenti durante una manifestazione a Mantova nel 1958.

Members of the Moto Club Innocenti during an event at Mantua in 1958.

TV/LI

Un'altra preziosa immagine a colori durante la manifestazione delle "Befana del Vigile" del 1959. Sullo sfondo si vede una fiammante 175 TV che verrà regalata al comando dei Vigili di Milano. In quel tempo, era una tradizione consolidata consegnare dei regali ai Vigili di Milano durante la festa delle befana, agli inizi di gennaio.

Another precious colour photograph taken during the "Befana del Vigile" event of 1959. In the background can be seen a shiny new 175 TV that was to be presented to the Milan municipal police force. At that time, it was a consolidated tradition to give gifts to the municipal police in Milan during the Befana celebrations early in January.

costs of the journey, including accommodation. In order to participate in the most important international events, the names of the most important Italian Lambrettisti were drawn out of a hat at the various regional Lambretta Clubs. The fortunate winners would then attend the rally almost free of charge, proudly representing the Lambretta Club d'Italia. One of the most important Lambretta clubs was the Moto Club Innocenti, which was based at the Innocenti factory and was reserved exclusively for employees of the company.

In these photos you may admire the almost military style of the club, with perfectly aligned parades and well-ordered and unified kit for all the participants. The Moto Club Innocenti was the diamond tip of the Italian Lambretta clubs and its perfect organization was intended to be an example for all the other associations.

TV/LI

La 175 TV viene spostata a spalla dai lambrettisti per poter essere posizionata vicino alla base circolare sopra il quale il vigile controllava il traffico nel centro di Milano. Sui lati si possono intravvedere le scatole dei panettoni Motta e Alemagna, le due più famose marche dolciarie della città.

The 175 TV is manhandled by the Lambrettisti into position on the rostrum from where the municipal police officers controlled the traffic in the centre of Milan. Either side we can see the boxes of Motta and Alemagna panettoni, the city's two most famous confectionary brands.

Castellammare di Stabia, i soci della delegazione di Stabia con le prime 150 LI, che vengono subito messe in mostra con orgoglio. Sui cofani erano state applicate le fasce del club, per promuovere la loro associazione.

Castellammare di Stabia, the members from the Stabia delegation with the first 150 LIs, that were proudly put on immediate display. The club stickers had been applied to the side panels to promote their association.

Gli accessori

Gli accessori sono sempre stati protagonisti nel motorismo italiano e straniero. Già dai primordi della motorizzazione molte aziende, piccole e grandi, offrivano sul mercato accessori per migliorare l'uso del veicolo o per incrementarne le prestazioni.

Prima della guerra questo genere di ricambi era per lo più destinato alla parte meccanica del veicoli. Accessori tecnici che riguardavano il motore, le sospensioni ed i freni, per cui l'aspetto estetico era messo in secondo piano dando più risalto all'aspetto meccanico e funzionale.

Con l'avvento degli scooter il mercato dell'accessorio si era evoluto privilegiando la parte estetica del veicolo e l'equipaggiamento per i lunghi viaggi. Nacquero così decine di piccole aziende che offrivano i loro prodotti per abbellire, secondo loro, la carrozzeria dello scooter cercando di avvicinarsi a quei canoni di stile americano, molto in voga in quel periodo, fatto di fregi colorati, luci supplementari, parabrezza, paracolpi e parascudi di ogni forma e dimensione, tutti abbelliti con cromature super lucenti e scintillanti.

Le aziende più prestigiose erano la Ulma, la Falbo, la Super e la Viganò, quest'ultima fornitrice ufficiale della stessa Innocenti. Per i tappetini in gomma la più famosa era la GEV di Torino, che aveva un contratto in esclusiva con lo stabilimento di Lambrate per la fornitura di tutti i tappeti per la Lambretta e i modelli auto. Anche all'estero non mancavano aziende specializzate in questo settore, ma i prodotti italiani sono sempre stati superiori per l'alta qualità costruttiva e per lo stile inimitabile.

L'ampia carrozzeria della LI e TV sembrava fatta apposta per essere abbellita in ogni angolo dagli accessori più disparati. Infatti fu in questo periodo che nacquero i prodotti più belli e originali, ancora oggi super ricercati da tutti i collezionisti del mondo e, soprattutto, da quelli sul mercato asiatico ed americano.

l'accessorio ne

Il catalogo accessori della Viganò poteva offrire la più completa serie di abbellimenti per tutti i modelli Lambretta; inoltre la Viganò era la fornitrice ufficiale della Innocenti per gli accessori da montare sulle macchine destinate al mercato estero.

The Viganò accessories catalogue offered a comprehensive series of embellishments for all Lambretta models; moreover, Viganò was the official supplier to Innocenti of accessories to be fitted to those machines destined for foreign markets.

The accessories

Ruote
Calotte copridisco
Supporti
Portapacchi
Salvascocche
Paraurti
Calandre
Portatarga
Salvabordi
Tappeti
Retrovisivi
Parabrezza
Serrature - Antifurto
Fanaleria
Fregi e varie

gamma più completa

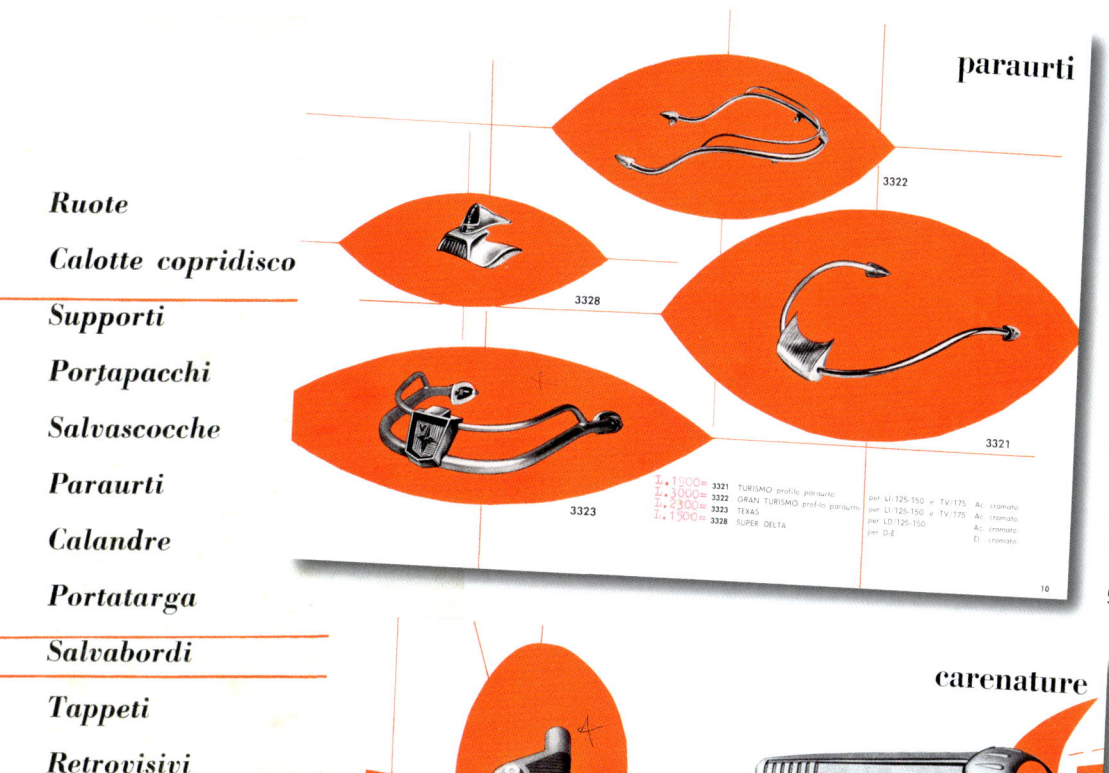

Accessories have always been a key feature of the Italian and foreign automotive sectors. Even in the early years of motoring, many companies, large and small, were already offering accessories designed to improve the usability of the vehicles or to enhance their performance.

Before the war, this type of component was generally destined for the mechanical side of the vehicles: technical accessories that concerned the engine, the suspension and the brakes for which aesthetics took a secondary role in favour of mechanical and functional aspects.

With the advent of scooters, the accessories market evolved to privilege styling and equipment for longer journeys. This was the cue for the emergence of dozens of small firms offering products that would, they assured us, embellish the bodywork of our scooters, bringing them closer to the American styling canons so in vogue in that period, with their coloured trim, supplementary lights, windscreens, crash bars and bumpers of all shapes and sizes, all bright and sparkling with their chrome plating.

The most prestigious of these firms were Ulma, Falbo, Super and Viganò, this last an official supplier to Innocenti itself. The most well known supplier of rubber mats

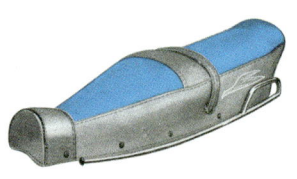

252

252

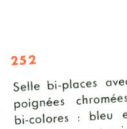

252

252
Selle bi-places avec poignées chromées, bi-colores : bleu et gris, rouge et gris, unis : noir - rouge.

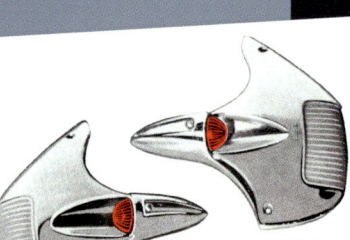

242 LI
Sabot de carène avec f

241 LI
Sabot de carène sans f

241 LI
242 LI

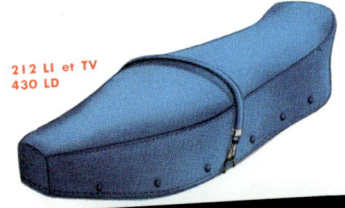

212 LI et TV 430 LD

212 LI et TV - 430 LD
Selle bi-places Aquila, modèle origine.
Bi-colores : bleu et gris, rouge et noir, rouge et gris.
Unis : noir, bleu, gris, rouge.

262 LI et TV
Housse de selle bi-places.
Coloris divers.

enjoliveurs de flancs de carène

sabot de carène

222 LI

222 LI Enjoliveur de flancs de Carène, Type Comète, chromé. Motif bleu ou rouge.

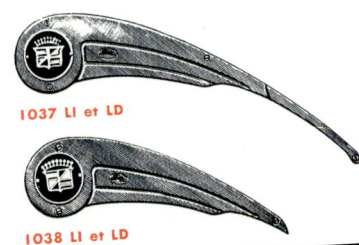

1037 LI et LD
Flamme laiton chromé, grand modèle.

1038 LI et LD
Flamme laiton chromé, petit modèle.

1037 LI et LD
1038 LI et LD

233 LI Enjoliveur de flancs de Carène, laiton chromé.

233 LI

In Francia la Arpel commercializzava molti accessori prodotti in Italia, in particolar modo quelli della Viganò e della Falbo.

In France, Arpel marketed numerous accessories manufactured in Italy, in particular those made by Viganò and Falbo.

236 LI

236 LI Enjoliveur de flancs de Carène, aluminium poli.

TV/LI

Le coppe cromate erano uno degli accessori più richiesti dagli scooteristi degli anni Cinquanta perché si ispiravano alle lussuose autovetture americane e davano quel senso di gran lusso a cui il piccolo scooter non poteva certo ambire.

Chrome-plated hubcaps were among the most popular accessories among the scooterists of the Fifties, in part because they were inspired by opulent American cars and gave the small scooter a sense of great luxury it otherwise lacked.

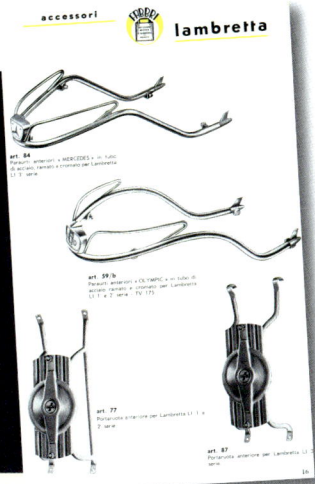

was GEV of Turin, which had an exclusive contract with the Lambrate factory for the supply of all the mats for the Lambretta and the car models. There were also numerous foreign companies specialising in this sector, but Italian accessories were always the best in terms of production quality and inimitable style.

The voluminous bodywork of the LI and TV seemed to be tailor-made for the most diverse embellishments and accessories. It was in this period, in fact, that the most attractive and original products were introduced, still today eagerly sought-after by collectors throughout the world and above all those on the Asian and American markets.

Calotte

Lambretta LI 125

	N. DI CATAL.	ANNO DI FABBRIC.	PREZZO
 SOLEX 10" con sottocoppa	1106	'58-59-60-61 '62-63-64	
 VENERE 10" con sottocoppa	1121	'58-59-60-61 '62-63-64	
ROBOT 10" con sottocoppa	1163	'58-59-60-61 '62-63-64	
 SUPER ASTRO 10" con sottocoppa	1168	'58-59-60-61 '62-63-64	

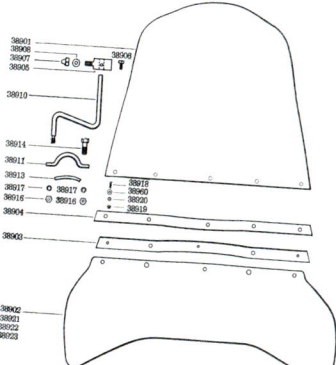

Molto in voga, soprattutto sul mercato anglosassone, i rivestimenti selle e borse con il caratteristico "tartan" scozzese. Inoltre in Inghilterra era molto popolare il parabrezza integrale, un accessorio quasi obbligatorio in quel Paese dal clima molto freddo e piovoso.

Upholstery and bags in Scottish tartan materials were particularly popular on the British market. The full windscreen was also particularly popular in Great Britain and was an almost obligatory accessory given the country's cold damp climate.

I francesi sono sempre stati amanti degli accessori, specialmente quelli per abbellire la carrozzeria. La ditta più famosa era la Ardor che, per la Lambretta LD prodotta in Francia a Troyes, aveva in listino una grande varietà di fregi e protezioni in alluminio.

The French always loved their accessories, especially those embellishing the bodywork. The most famous company was Ardor which for the Lambretta LD produced in France at Troyes offered a great variety of aluminium trim and rubbing strips.

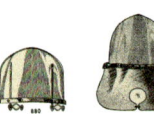

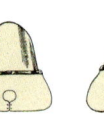
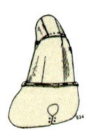

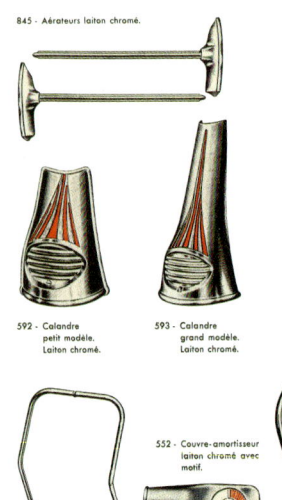

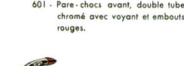

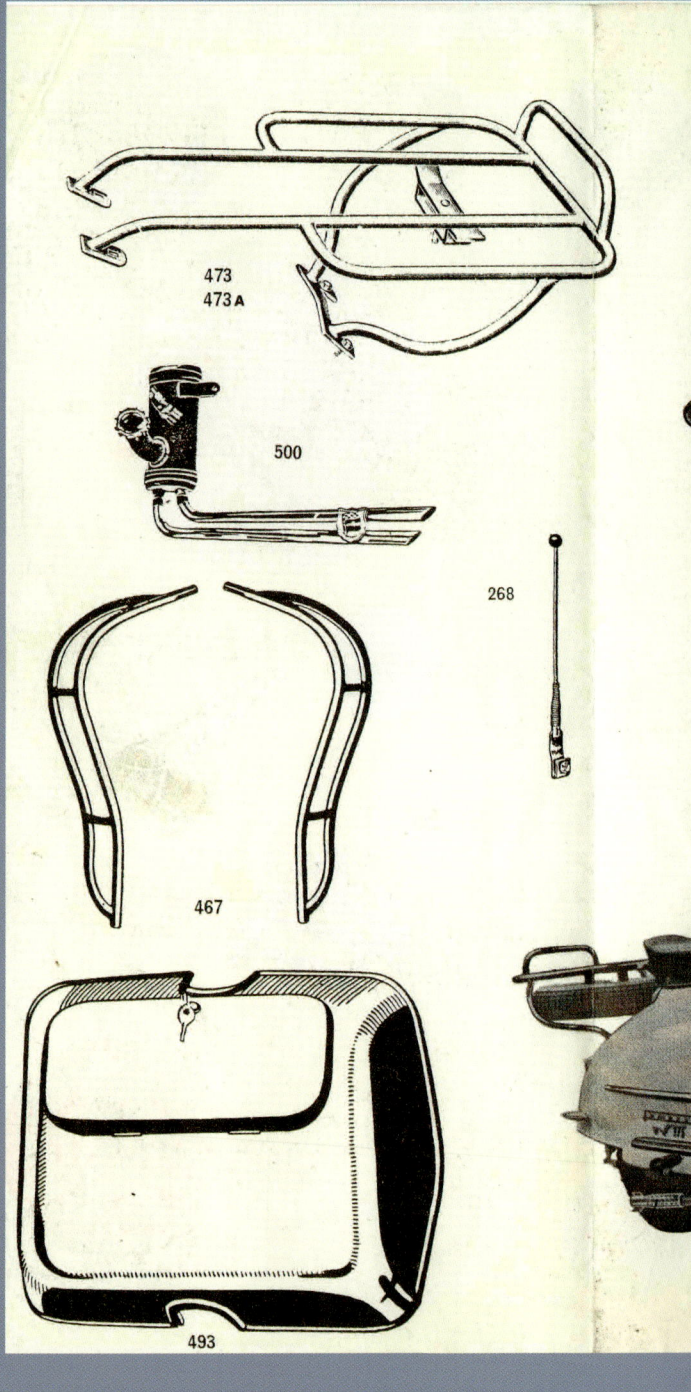

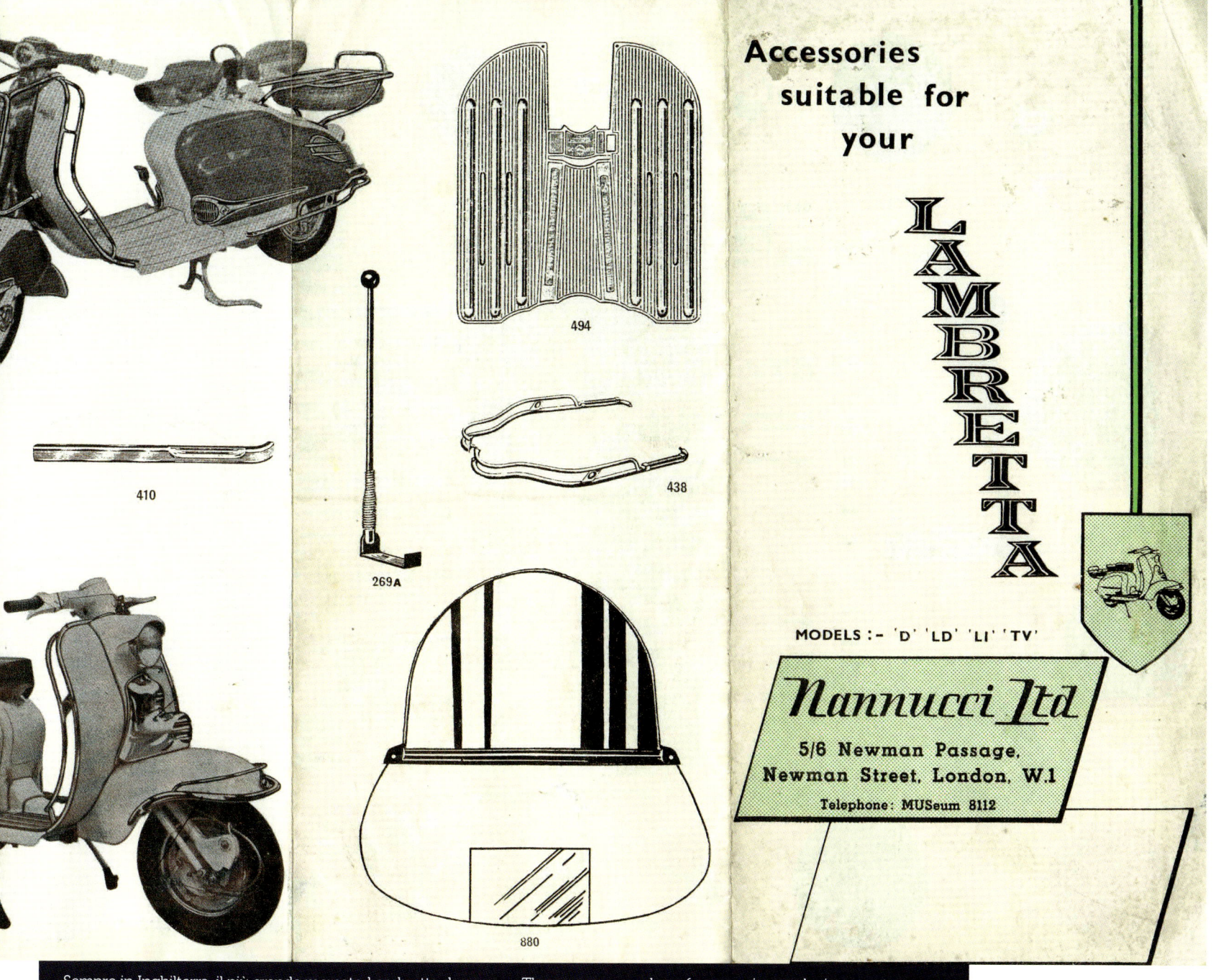

Sempre in Inghilterra, il più grande mercato Lambretta dopo l'Italia, erano presenti diverse aziende che producevano accessori per scooter. Una delle più rinomate era la Nannucci Ltd di Londra, che poteva vantare un catalogo accessori davvero completo e dedicato a tutti i modelli Lambretta.

There were a number of companies producing scooter accessories in Great Britain, the largest Lambretta market outside Italy. One of the most well-known was Nannucci Ltd of London, which could boast a truly comprehensive catalogue dedicated to all Lambretta models.

GLI ACCESSORI INNOCENTI

Anche l'Innocenti aveva previsto una serie di accessori originali per le nuove Lambretta serie TV e LI. Si trattava, per lo più, di prodotti per usi specifici o per migliorare la praticità di guida. Non si trattava quindi di prodotti per migliorare l'aspetto estetico dello scooter, anche perché Innocenti non aveva mai caldeggiato il montaggio di questi accessori che avrebbero potuto causare dei seri danni ai conducenti in caso di caduta accidentale. Solo con la LI seconda serie venne autorizzato dalla fabbrica il montaggio di alcuni accessori Viganò, adottati su alcuni modelli destinati ai mercati esteri.

Un discorso particolare merita il portapacchi in lamiera stampata, che raramente si può trovare su alcune LI prima e seconda serie. Si è sempre considerato questo accessorio come particolare della sola 125, invece era già stato progettato precedentemente per la 175 TV ed il suo uso specifico era quello di portapacchi per carichi ingombranti in quanto gli altri quattro fori posteriori erano stati previsti per il montaggio del porta ruota di scorta. Era quindi un classico accessorio per uso lavorativo come consegna a domicilio di giornali oppure frutta e verdura, certamente non un oggetto economico destinato alla sola 125 LI.

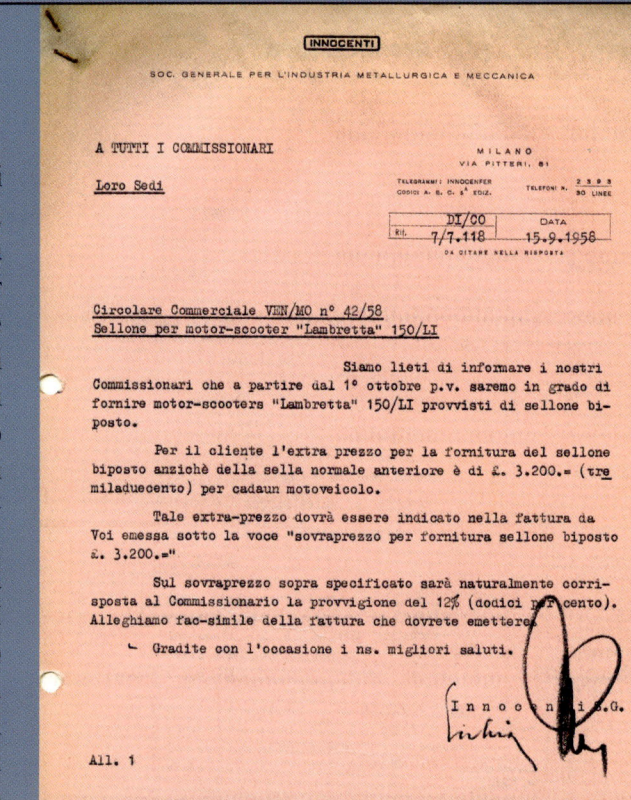

Questo importante documento attesta che anche la LI poteva essere venduta con il sellone lungo come la TV. Capitava spesso però che, siccome il costo del sellone era molto elevato, i concessionari si rifornissero da aziende after-market che vendevano selle di dubbia qualità, ben al di sotto dello standard Innocenti.

This important document confirms that the LI could also be sold with the long saddle like the TV. However, given that the long saddle was particularly expensive, the concessionaires frequently turned to the after-market and cheaper saddles of dubious quality, far inferior to the Innocenti item.

Una serie di disegni costruttivi originali per il posizionamento degli accessori ufficiali Innocenti. Notare il primo con la predisposizione per la pompa pneumatici per le forniture militari. Purtroppo non ho trovato nessun documento che dimostri la vendita di Lambretta all'esercito Italiano.

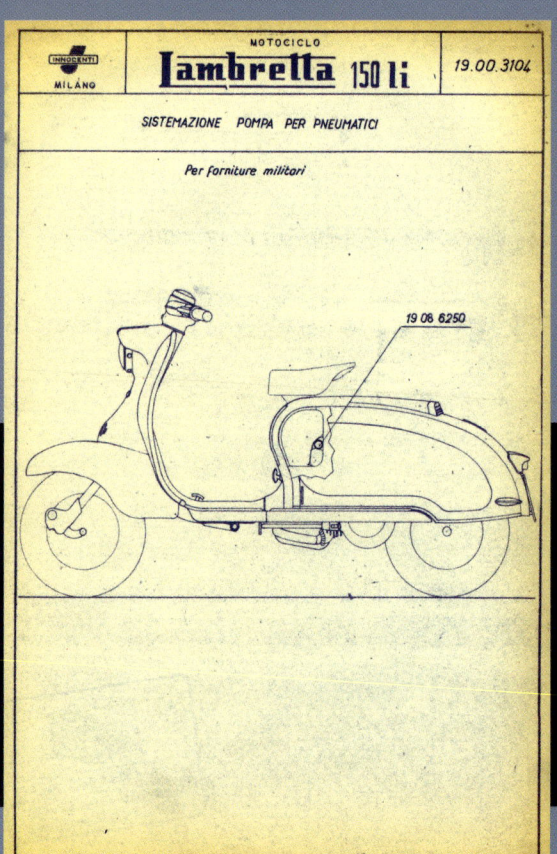
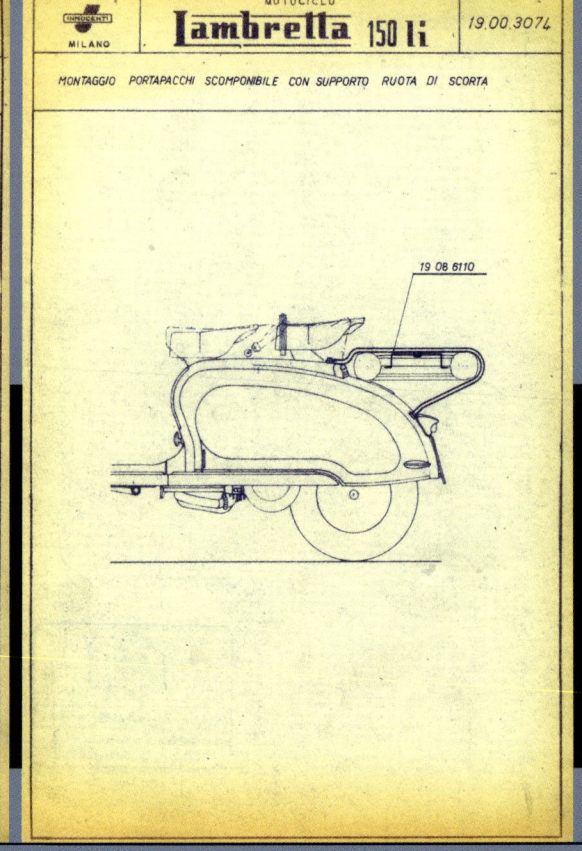
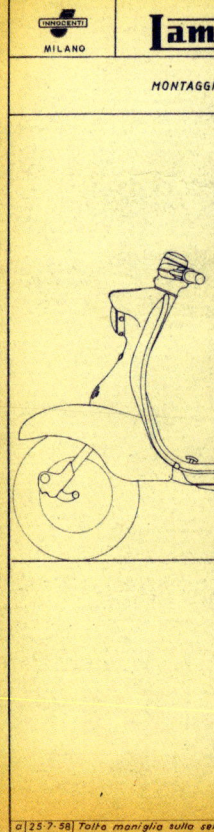

TV/LI

INNOCENTI ACCESSORIES

Innocenti had also provided for a series of original accessories for the new TV and LI series of the Lambretta. They were mainly components for specific uses or to improve the practicality of everyday use. They were not therefore products designed to improve the styling of the scooter, in part because Innocenti had never encouraged the fitting of such accessories that could potentially cause serious injury to riders in the case of accidents. Only with the second series LI did the factory authorise the fitting of a number of Viganò accessories on certain models destined for the foreign markets. The pressed-steel luggage rack is another question and can, albeit rarely, be found on a few examples of the first and series LI. This accessory has always been considered as a feature of the 125 alone, while it had instead been designed earlier for the 175 TV specifically as a rack for bulky items given that the other four mounting holes at the rear had been provided for the fitting of the spare wheel carrier. This was a classic accessory for use on working scooters used for tasks such as delivering newspapers or fruit and vegetables, certainly not as an economical rack for the 125 LI alone.

Questo parabrezza fa parte della serie di accessori originali consigliati dalla Innocenti ai propri concessionari. Questi articoli non erano fabbricati nello stabilimento di Milano ma venivano acquistati da aziende esterne con dei contratti in esclusiva.

This windscreen was part of the series of official accessories recommended to its dealers by Innocenti. These articles were not manufactured in the Milan factory but were bought in from outside suppliers with exclusive contracts.

Nel disegno centrale si può vedere la corretta posizione della ruota di scorta, come consigliata dalla Innocenti. Attualmente ci sono in commercio diverse riproduzioni del porta ruota posteriore, ma non tutti hanno la giusta inclinazione della ruota rispetto alla linea orizzontale della strada. Questa è quella corretta!

The central drawing shows the correct position for the spare wheel, as suggested by Innocenti. Currently a number of reproductions of the rear wheel carrier are available, but none have the correct inclination of the wheel with respect to the horizontal line of the road. This is how it should be!

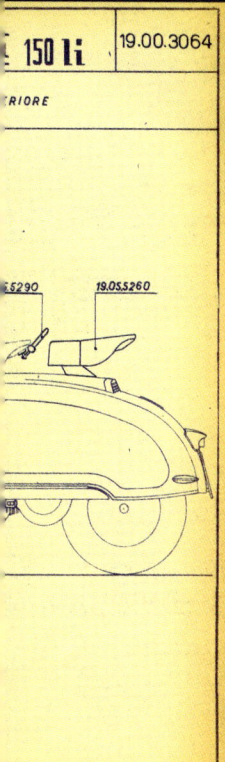

A series of original engineering drawings for the positioning of the official Innocenti accessories. Note the first with the predisposition for the pneumatic pump for military purposes. Unfortunately, I have yet to find any documentation demonstrating the sale of Lambrettas to the Italian army.

Personaggi famosi

Come tutte le Case motociclistiche di quel periodo anche la Innocenti si servì, come testimonial per le campagne pubblicitarie, di attori e personaggi famosi in campo sportivo.
Bisogna però ammettere che la Piaggio fu decisamente più avanti in tal senso, ingaggiando già dalla fine degli anni Quaranta persone di grande popolarità sia Italiane che straniere.
In queste pagine potete vedere alcuni personaggi che hanno contribuito alla diffusione della Lambretta, come il famoso pilota automobilistico Gigi Villoresi che per

Una bella immagine del Dott. Luigi Innocenti mentre sta mostrando dell'ambasciatore argentino Balaguer, alla sua destra, la fase finale della linea di produzione, con il collaudo del motore sui rulli.

A great photo of Dr. Luigi Innocenti as he shows the Argentinean ambassador Balaguer, on his right, he final phase on the production line, with t he engines being tested on rollers.

Famous people

As was the case for all the manufacturers of two-wheelers at that time, Innocenti also used actors and famous sports people as "faces" in their advertising campaigns. It has to be admitted though that Piaggio had taken the lead in this area, having used both Italian and foreign stars since the early 1940s.

On these pages you can see some of the people that helped make the Lambretta popular, like the famous racing car driver Gigi Villoresi who for many years had led the Lambretta Italia Club and organised events abroad too.

Miss Mondo

Uno degli spettacoli televisivi più seguiti alla fine degli anni Cinquanta era *Telematch*, un programma di intrattenimento presentato da Enzo Tortora. Qui si vede il campionissimo Coppi dietro alla 175 TV pilotata dal collaudatore Riccardo Rizzi.

One of the most popular light entertainment television programmes of the late Fifties was Telematch, presented by Enzo Tortora. Here we can see the great cycling champion Coppi behind the 175 TV ridden by the tester Riccardo Rizzi.

anni aveva guidato il Lambretta Club Italia e le più importanti manifestazioni all'estero.
Particolarmente interessante è l'immagine che ritrae la Principessa Grace e il Principe Ranieri in occasione del raduno scooteristico di Monaco del 1958, dove il Lambretta Club d'Italia donò al Principe una nuova e fiammante 150 LI nella classica colorazione Grigio Fiume.
L'immagine di Coppi a *Telematch*, famosa trasmissione televisiva, è altrettanto interessante: il pilota era il collaudatore Riccardo Rizzi il quale mi confidò che per far funzionare al meglio la Lambretta con la continua inclinazione a sinistra, si decise di spostare il carburatore a destra, in posizione più alta e più efficiente.

Macario e due soubrettine della sua rivista 1958/59 « Chiamate Arturo 777 ».
The famous Italian comedian Macario with two girls from his 1958-59 show « Call Arturo 777 ».
Le fameaux comique italien Macario et deux girls de sa revue 1958-59 « Appeler Arturo 777 ».
Der bekannte italienische Komiker Macario und zwei Soubretten seiner Revue 1958-59 « Ruft Arturo 777 an ».

Un raggiante Peter Agg fa da padrino all'elezione di Miss Lambretta 1958. Molto curiosa la colorazione scura della Lambretta, forse era rossa? O forse un bel verde inglese? Chissà se è ancora circolante in Inghilterra. Certamente più tradizionale la colorazione della 150 LI di Macario: Grigio Alba per la base e Rosso Corallo per i cofani e il frontale.
A destra, il Principe Ranieri, con la sua bellissima consorte Grace, ricevono in dono una fiammante Lambretta 150 LI dalle mani del Dott. Tomasi, in occasione di un raduno scooteristico a Monaco.

A beaming Peter Agg at the Miss Lambretta 1958 event. The dark colour scheme of the Lambretta is very curious, was it perhaps red? Or perhaps an attractive British Racing Green? Who knows if it is still on the road somewhere in Great Britain.
Macario's 150 LI was certainly more traditional: Dawn Grey and with Coral Red for the side panels and leg shield.
On the right, Prince Ranieri with his beautiful wife Grace received a gift of a sparkling Lambretta 150 LI from Dr. Tomasi on the occasion of a scooter rally in Monaco.

TV/LI

103

In senso orario, Enrico Varisio e Lia Zoppelli durante il classico pic-nic all'aria aperta; l'attrice Diana Torrieri e il gruppo musicale americano "The Five Glovers".

Clockwise, Enrico Varisio and Lia Zoppelli during the classic open-air picnic; the actress Diana Torrieri and the American group "The Five Glovers".

TV/LI

A particularly interesting photo is the one showing Princess Grace and Prince Ranieri of Monaco at the 1958 scooter rally in Monaco, where the Lambretta Club d'Italia presented the Prince with a brand new 150 LI in classic River Grey livery.

The picture of Coppi on Telematch, the famous television programme, is also interesting: the rider was the tester Riccardo Rizzi who confessed to me that to make the Lambretta, with its tendency to lean to the left, work better he decided to move the carburettor to the right-hand side in a higher and more efficient location.

Il campione automobilistico Gigi Villoresi, presidente del Lambretta Club Italia, saluta i Lambrettisti in sella ad una 150 LI nella classica colorazione monocromatica Grigio Fiume. Alla famosa conduttrice televisiva Edy Campagnoli piaceva la Lambretta!

The motor racing champion Gigi Villoresi, president of the Lambretta Club d'Italia, salutes the Lambrettisti from the saddle of a classic River Grey 150 LI. The famous television presenter Edy Campagnoli liked the Lambretta!

Lo stabilimento Innocenti

Alla fine degli anni '50 la stabilimento Innocenti aveva raggiunto l'apice della sua struttura. Il settore della metallurgia era da poco reduce dall'incredibile costruzione dell'impianto siderurgico in Venezuela, sulle rive dell'Orinoco, che fu la più grande commessa industriale italiana in terra straniera.

Con oltre 7000 dipendenti la Innocenti era una delle più importanti fabbriche Italiane, rispettata e apprezzata da tutti gli industriali internazionali per la sua efficienza e qualità produttiva; sempre capitanata e diretta da quel genio di Ferdinando Innocenti, uomo di umili origini che seppe creare un impero dal nulla.

All'interno dello stabilimento c'erano tutti i servizi medici e assistenziali. Famose erano le colonie estive/invernali per i figli dei dipendenti, che davano la possibilità anche alle famiglie più modeste di far passare una bella vacanza ai propri figli ad un prezzo assolutamente simbolico.

L'insuperabile tecnico Cassola (a destra) sta verificando dei dati tecnici nella sala prova motori. Cassola è stato il primo pilota che ha corso con una Lambretta nel 1948 e ha lavorato alla Innocenti per tutta la sua vita. Esempio unico di grande professionalità e assoluta correttezza morale verso l'azienda e il suo fondatore Ferdinando Innocenti.

The peerless engineer Cassola (right) verifying technical data in the engine testing room. Cassola was the first rider to have raced with a Lambretta in 1948 and worked for Innocenti all his life. His was an example of great professionalism and moral rectitude with respect to the company and its founder Ferdinando Innocenti.

TV/LI

The Innocenti Factory

By the end of the 1950's the Innocenti factory had reached the height of its development. The metallurgy sector had only recently been responsible for the incredible construction of the steel works in Venezuela on the banks of the Orinoco, the largest Italian industrial commission ever undertaken in a foreign country.

With more than 7,000 employees, Innocenti was one of the most important factories in Italy, respected and admired by all international companies for its efficiency and the quality of its products. It was still led and directed by that genius Ferdinando Innocenti, a man of humble origins who had managed to build an empire from nothing. Within the factory there were all the necessary medical and welfare departments. The summer/winter camps for employees' children were famous. They made it possible for the least wealthy families to give their children a great holiday for a token sum of money.

At Christmas, to help employees buy their Christmas presents, Innocenti contacted toy manufacturers directly so that they could offer employees their goods at very reasonable prices.

La grande sala dei tecnigrafi, dove lavoravano a pieno ritmo i disegnatori meccanici. In questo luogo Giorgio Mazzilli disegnò il famoso parastrappi per la serie LI.

The large draughting room where the draughtsmen would work round the clock. This was where Giorgio Mazzilli designed the famous spring drive for the LI series.

Tabelle originali dei dati di produzione mensili dello stabilimento Lambretta di Milano; guardandoli attentamente si possono valutare le ampie oscillazioni di unità prodotte a seconda delle richieste del mercato. Differenze dell'ordine del 40%, di cui non era certo facile gestire la catena produttiva.

Original monthly production data tables from the Lambretta factory in Milan. Careful observation reveals the significant oscillations in the numbers produced according to the demand of the market. Differences in the order of 40% which hardly made management of the production line any easier.

A Natale, per favorire l'acquisto dei regali per le feste, la Innocenti contattava direttamente le case produttrici di giochi per poter offrire ai propri dipendenti i giocattoli ad un prezzo molto contenuto.
Ed è in questo forte clima di entusiasmo collettivo che i prodotti Innocenti venivano costruiti con cura e attenzione in ogni dettaglio.
Le famose presse Innocenti varcavano i confini nazionali con destinazioni oltre oceano nei paesi più sviluppati e la nostra cara Lambretta vantava una popolarità diffusa e apprezzata in tutto il mondo.
In quel periodo, la catena di montaggio della Lambretta raggiunse la velocità oraria di ben 60 esemplari prodotti, in pratica una Lambretta al minuto!
Per raggiungere questi importanti numeri di produzione si lavorò molto sulla puntualità delle forniture esterne, raddoppiando o anche triplicando il numero di fornitori per un solo pezzo, per poter consentire alla catena di non fermarsi anche solo per una mancata consegna di un piccolo particolare.
Ed è per questo che capita spesso di trovare pezzi di Lambretta dello stesso modello simili, ma diversi in quanto prodotti da differenti fabbriche. Questo vale in particolar modo per le parti accessorie come gli interruttori luci, le scritte, le selle, i fanalini eccetera.

TV/LI

And it was within this atmosphere of collective enthusiasm that Innocenti products were made with care and attention to every detail.

The famous Innocenti presses were sent overseas to the most developed countries and our dear Lambretta was popular and highly regarded throughout the world. At that time the Lambretta production line had achieved an hourly rate of 60 finished machines, practically a Lambretta per minute!

In order to achieve these remarkable production figures, a lot of work went in to making sure that outside suppliers were punctual. Two or even three suppliers were used to provide a single item which meant that the production line never had to stop as the result of a minor component not being delivered.

This is why you often find certain Lambretta parts that look similar but are slightly different as they were made by different factories. This is particularly true of accessories such as light switches, name transfers, saddles and lights etc.

Alcune istantanee della linea di produzione Lambretta; nella foto in basso si vedono le fusioni in ghisa dei cilindri, che erano prodotti all'interno della fabbrica. Le fusioni dei carter, invece, arrivavano da fornitori esterni, mentre la loro complessa lavorazione veniva effettuata in stabilimento.

A number of shots of the Lambretta production line; the lower photo shows the cast-iron cylinder castings that were produced in the factory. The crankcase castings instead came in from external suppliers, while the complex finishing process was conducted in-house.

Il negozio di Milano

Nel 1956 la direzione generale Innocenti decise che era ora di aprire un grande salone di rappresentanza a Milano per promuove i prodotti Lambretta e avere uno spazio espositivo da utilizzare per eventi mondani, mostre tematiche e presentazioni giornalistiche.

La scelta del posto fu ovviamente il pieno centro di Milano, nella zona più alla moda del momento: la piazza San Babila, da poco sistemata con palazzi di grande pregio architettonico e sede imminente di una delle fermate della futura Metropolitana Milanese.

Il palazzo che avrebbe ospitato il grande salone era un nuovissimo edificio progettato da Luigi Mattioni, destinato ad uso commerciale e a uffici di rappresentanza.

Con la presentazione alla stampa della nuova 175 TV, il 10 aprile del 1957 venne inaugurato anche il salone Innocenti con una grande festa a cui intervennero decine di giornalisti, accolti con grande cortesia dal direttore Ing. Tomasi.

Negli anni successivi nel negozio Innocenti passeranno tutti gli altri modelli Lambretta, le autovetture Innocenti A40, JM3, la famosa Mini e anche i motocarri Lambro, protagonisti assoluti della grande rinascita della nostra Italia.

Una tragica curiosità: nel 1959 un furioso incendio distrusse buona parte del negozio; fortunatamente non ci furono vittime ma i mezzi esposti e gli arredi subirono ingenti danni. Nelle foto del reporter Zabban possiamo notare un rarissimo 150 FDC Giardinetta semidistrutto dal rogo.

Immaginate oggi di ritrovare ancora questo prezioso cimelio per riportarlo agli antichi splendori! Un sogno destinato a rimanere tale; infatti i mezzi danneggiati o inservibili venivano sempre portati alla grande vasca del rottame, che periodicamente veniva svuotata da aziende specializzare nei recuperi ferrosi.

Il plastico dello stabilimento che fa bella mostra al centro del salone c'è ancora: fortunatamente è ancora in ottima condizioni ed è esposto al Museo Scooter & Lambretta di Rodano.

Vista esterna del modernissimo negozio Lambretta di Milano; le grandi vetrate e gli ampi spazi espositivi facevano da contorno alle protagoniste del salone: la nuovissima TV 175 e le classiche LD 125 e 150.

An external view of the very modern Lambretta shop in Milan; the large windows and spacious display areas were the setting for the protagonists: the brand-new TV 175 and the classic LD 125 and 150.

The Lambretta shop in Milan

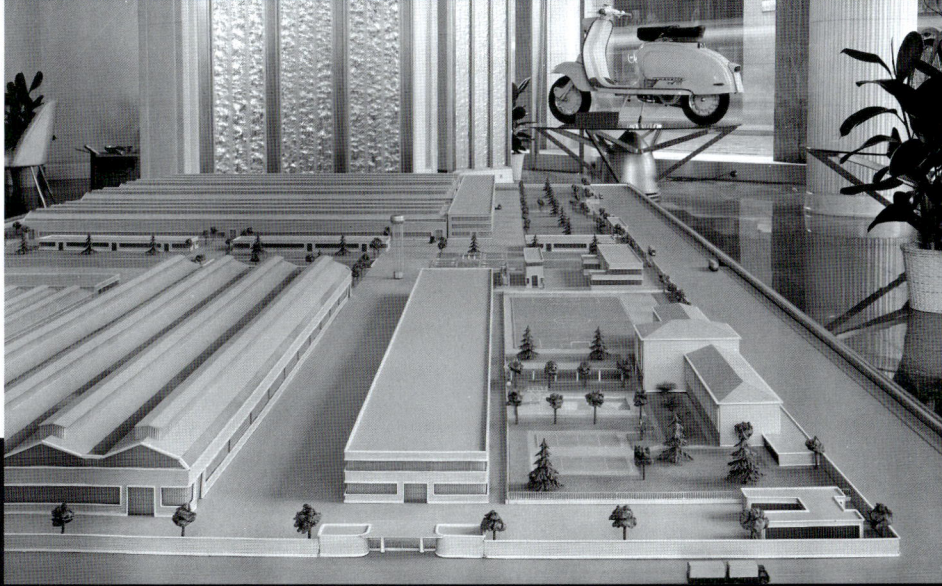

In 1956 the Innocenti general management decided that the time was ripe to open a large showroom in Milan to promote Lambretta products and to have an exhibition space to use for events, thematic exhibitions and press conferences.

Obviously they chose a place in the centre of Milan, in an area that was most fashionable at the time: Piazza San Babila, which had recently been made more attractive with the construction of architecturally prestigious buildings and where one of the future Milan metro stations was to be located.

The building that would house the exhibition space was brand new and designed by Luigi Mattioni specifically for commercial use and company offices.

When the 175 TV was presented to the press on 10th April 1957, the new Innocenti showrooms were inaugurated with a grandiose reception to which dozens of journalists were invited by the sales director Ingegner Tomasi.

Over the following years all subsequent Lambretta models were seen in the showrooms, along with the Innocenti A40 and JM3 cars, the famous Mini and also the Lambro goods vehicles, all key players in the great rebirth of Italy.

One tragic event: in 1959 a terrible fire raged through most of the showroom. Fortunately, no one was killed but the vehicles on display and the furnishings were badly damaged. In the reporter Zabban's photos we can see a very rare 150 FDC Giardinetta that was partially destroyed in the blaze. Imagine finding this precious relic today and being able to restore it to its previous glory! A dream destined to remain just that; in fact the damaged or unusable vehicles were always taken to the huge scrap heap where companies specializing in recycling metal periodically went to pick up material.

The architect's model of the factory that took pride of place in the middle of the showroom still exists: luckily it is still in good condition and is on display at the Scooter & Lambretta Museum in Rodano.

Il famoso plastico dello stabilimento Innocenti, ora esposto presso il Museo Scooter & Lambretta di Milano.

The famous model of the Innocenti factory, now on show at the Scooter & Lambretta Museum in Milan.

Il drammatico incendio scoppiato nel 1959 che ha semidistrutto il negozio e le Lambretta esposte. Non sono note le cause di questo tragico evento che comunque non ha causato vittime.

The dramatic fire that broke out in 1959 badly damaged the shop and the Lambrettas on display. The causes of the blaze are unknown but fortunately there were no victims.

Contratti di vendita

Per la vendita della Lambretta la Innocenti aveva "inventato" la figura del Commissionario, una specie di agente di commercio che si impegnava a vendere gli scooter con una provvigione a percentuale.

Questo sistema sollevava il commerciante dall'anticipare il costo delle Lambretta in vendita, perché lo scooter rimaneva a carico della Innocenti fino al competo pagamento da parte del cliente. Nel contratto qui raffigurato possiamo notare che, grazie all'iscrizione al Lambretta Club Italia, veniva registrato uno sconto del 2%; questa pratica veniva effettuata quasi in automatico, per poter ottenere il sospirato sconto.

Anni fa, quando ritirai un importante archivio di una commissionaria di Sesto Calende (VA), trovai decine di tessere del Club già intestate e mai consegnate, prova del fatto che al cliente finale interessava ben poco l'iscrizione al Club, ma era certamente più attratto dalla sconto del 2% sul prezzo finale.

Un'altra interessante curiosità sono le date del contratto: l'ordine era stato inviato l'11 luglio 1958 e la consegna della Lambretta era avvenuta il 23 luglio. Poco più di dieci giorni tra l'ordine e la consegna, un tempo decisamente corto che dimostrava ancora una volta la capacità produttiva della Innocenti che in quel periodo raggiunse l'incredibile numero di 60 unità all'ora.

Ultimo, ma non meno importante, è il numero di motore 500.040, che ci fa capire che si tratta di una delle primissime 125 LI vendute. Il numero di telaio 508.098 è molto più alto del motore in quanto la partenza 500.000 della numerazione del telaio era la stessa per la 150 LI e, quindi, i numeri si sommavano tra 125 e 150.

Per definire il mese di produzione della LI bisogna perciò utilizzare solol numero di motore, che è specifico per i due modelli: 500.000 per la 125 e 700.000 per la 150.

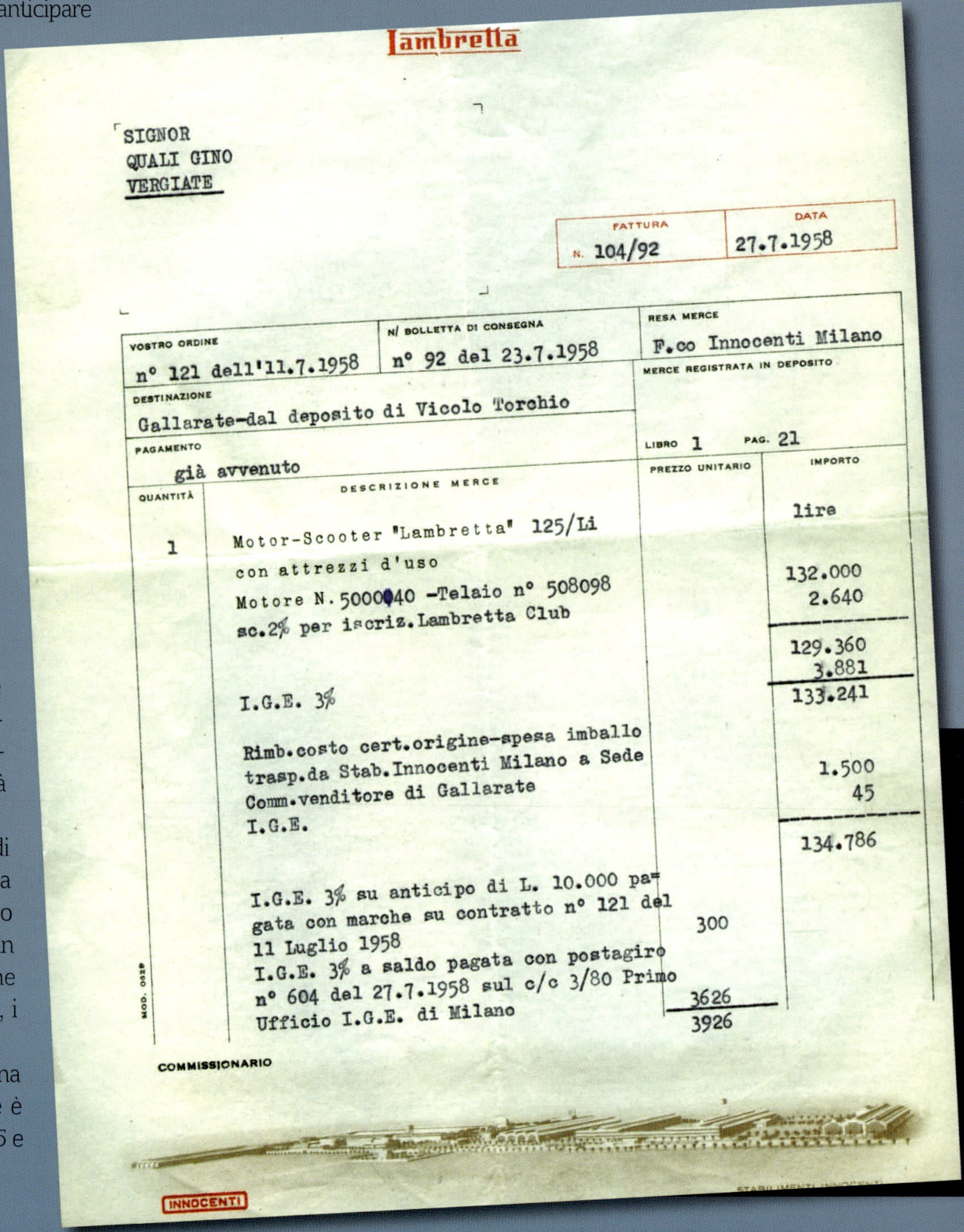

TV/LI

Sales contracts

For the sale of the Lambretta Innocenti "invented" the figure of the "concessionaire", a kind of sales agent who committed to selling the scooters and taking a percentage commission.

This system relieved the dealer of the need to advance the cost of the Lambrettas he put on sale as the scooter remained the property of Innocenti through to the completion of payment by the client.

In the contract shown here it can be seen that, thanks to registration with the Lambretta Club Italia, a discount of 2% was applied; registration with the club was an almost automatic procedure in order to obtain the sought-after discount.

Years ago, when I picked up an important archive from a concessionaire in Sesto Calende (near Varese), I found dozens of club membership cards already filled in but never delivered, proof that the clients had little interest in belonging to the club and were certainly more interested in the 2% discount on the final price.

Another interesting curiosity concerns the dates of the contract: the order had been placed on 11/07/1958 and the Lambretta was delivered on 23/07/1958. Just over 10 days between the order and the delivery, a remarkably short turnaround that once again shows how Innocenti's production capacity in that period had reached the incredible rate of 60 units per hour.

Last but not least, the engine number 500.040 shows that this was one of the very first 125 LIs to be sold. The frame number 508.098 is much higher than that of the engine as numbering that started from 500.000 was shared with the 150 LI with the total being the sum of the 125 and 150 frames produced.

In order to identify the month of production of the LI, the engine number alone should be used as this is specific to the two models: 500.000 for the 125 and 700.00 for the 150.

GUARANTEES

On purchase of a Lambretta, along with the use and maintenance manual clients were given a number of documents that concerned the guarantee and the registration of the vehicle.

The certificate of origin was certainly the most important document as it was required by the Department of Motor Vehicles for the issuing of the vehicle registration certificate and the certificate of title. In some cases, however, this certificate was never withdrawn and remained in the hands of the owner. In this certificate In-

GARANZIE

All'atto dell'acquisto della Lambretta venivano forniti alcuni documenti, oltre al libretto di uso e manutenzione, che servivano per la garanzia e l'immatricolazione.
Il certificato di origine era certo il documento più importante perché serviva alla motorizzazione per rilasciare il libretto di circolazione e il foglio complementare. In alcuni casi, però, questo foglio non veniva ritirato e rimaneva nelle mani del proprietario. In questo certificato l'Innocenti dichiarava che la Lambretta 125 LI avente numero di motore 526.849 era stata costruita nell'anno 1959. (notare che il numero di motore era scritto prima di quello del telaio, perché questo era più importante per la Innocenti)
Non era specificato il mese di produzione perché questo documento non serviva per avviare il servizio di garanzia, che in questo modello era di un anno dalla data di consegna.
Per la garanzia era previsto un libretto con alcuni foglietti che servivano al concessionario per registrare gli avvenuti controlli.
Questo importante servizio tecnico era completamente gratuito per il cliente; l'unico onere a suo carico era il costo vivo dell'olio motore, che doveva essere sostituito dopo i primi 1500 km di percorrenza.
Sfogliando i buoni possiamo osservare i vari controlli che la Innocenti aveva previsto per i primi chilometri di uso: nel buono A notiamo che la voce 2) riguarda la verifica al comando starter, questo perché il cavo tendeva ad allungarsi riducendo l'apertura della valvolina al carburatore. Questo problema rendeva difficoltoso l'avviamento a freddo e questo, certamente, non costituiva una buona pubblicità per la Innocenti.
Nel buono B un altro importante intervento, spesso dimenticato anche oggi dagli appassionati Lambrettisti, riguardava la registrazione della tensione della catena di trasmissione. È noto che una catena nuova, nel primo utilizzo, si allunghi sensibilmente e la registrazione della tensione è sicuramente una operazione che tutti dovrebbero fare dopo i primi 1500/2000 km di percorrenza.
Infine nel buono C viene raccomandata la pulizia accurata della luci di scarico e della testata. Questo perché

nocenti declared that the Lambretta 125 LI with engine number 526.849 was assembled in 1959 (note that the engine number was written before the frame number, as it was of greater significance to Innocenti).

The month of production was not specified as this document was not required for the opening of the guarantee service, which in the case of this model was for one year from the date of delivery.

The guarantee consisted of a booklet with a number of pages on which the dealer would record the checks that had been conducted.

This important technical service was completely free for the client; the only expense was the cost of the engine oil that had to be changed after the first 1500 kilometres had been covered.

Leafing through the coupons we can see the various checks that Innocenti provided for during the early life of the scooter: on coupon A, item 2) concerns the check of the choke control; this was because the cable tended to stretch, reducing the opening of the carburettor valve. This could make cold starting difficult, a problem that was hardly good publicity for Innocenti.

On coupon B, another important operation, frequently forgotten by Lambretta enthusiasts today, concerned the adjustment of the drive chain tension. It is well-known that when first used a new chain stretches significantly and that adjustment of the tension is without doubt an operation that everyone should undertake after the first 1500/2000 kilometres.

Lastly, on coupon C careful cleaning of the exhaust ports and the cylinder head is recommended. This was because the oils of the time were of a very poor quality and left a great deal of residue that tended to clog the exhaust port and significantly compromise engine performance.

On the last page in the booklet the frame number and the delivery date recorded by hand; the delivery date being valid for the guarantee of 12 months from the day recorded on the document.

Innocenti had set up a widespread network of workshops and concessionaires throughout Italy and in

gli olii di quel periodo erano di qualità molto scadente e lasciavano una grande quantità di residui incombusti che tappavano la luce dello scarico, riducendo sensibilmente le prestazioni del motore.
Nell'ultima pagina del libretto veniva riportato a penna il numero di telaio e la data di consegna; quest'ultima era la data di partenza della garanzia, che durava 12 mesi dal giorno segnato sul documento.
Per le garanzie e l'assistenza tecnica l'Innocenti aveva allestito una fittissima rete di officine e concessionari, sparsi in tutta Italia e in ogni angolo del mondo.
Un servizio efficiente e professionale che dava al Lambrettista la sensazione di essere sempre al sicuro da ogni inconveniente meccanico e globalmente protetto per qualsiasi problema si fosse verificato.
Per aiutare i clienti nella ricerca dell'assistenza più vicina, la Innocenti faceva regolarmente stampare delle cartine geografiche con elencati gli indirizzi delle concessionarie e officine autorizzate.
In questo caso si tratta di una edizione del 1959 e riguarda la cartina dell'Italia.
Osservando attentamente l'immagine della Lambretta notiamo che si tratta di una 175 TV, e questo era abbastanza facile da capire, ma che sullo scudo è stata modificata la cilindrata con la sigla 150 LI. Questa stranezza si spiega perché nel 1959 c'era già la 175 TV seconda serie e non sarebbe stato simpatico distribuire un gadget con un modello fuori produzione; così si è pensato bene di modificare la scritta e trasformare la bella e rara 175 TV in una ben più popolare 150 LI!

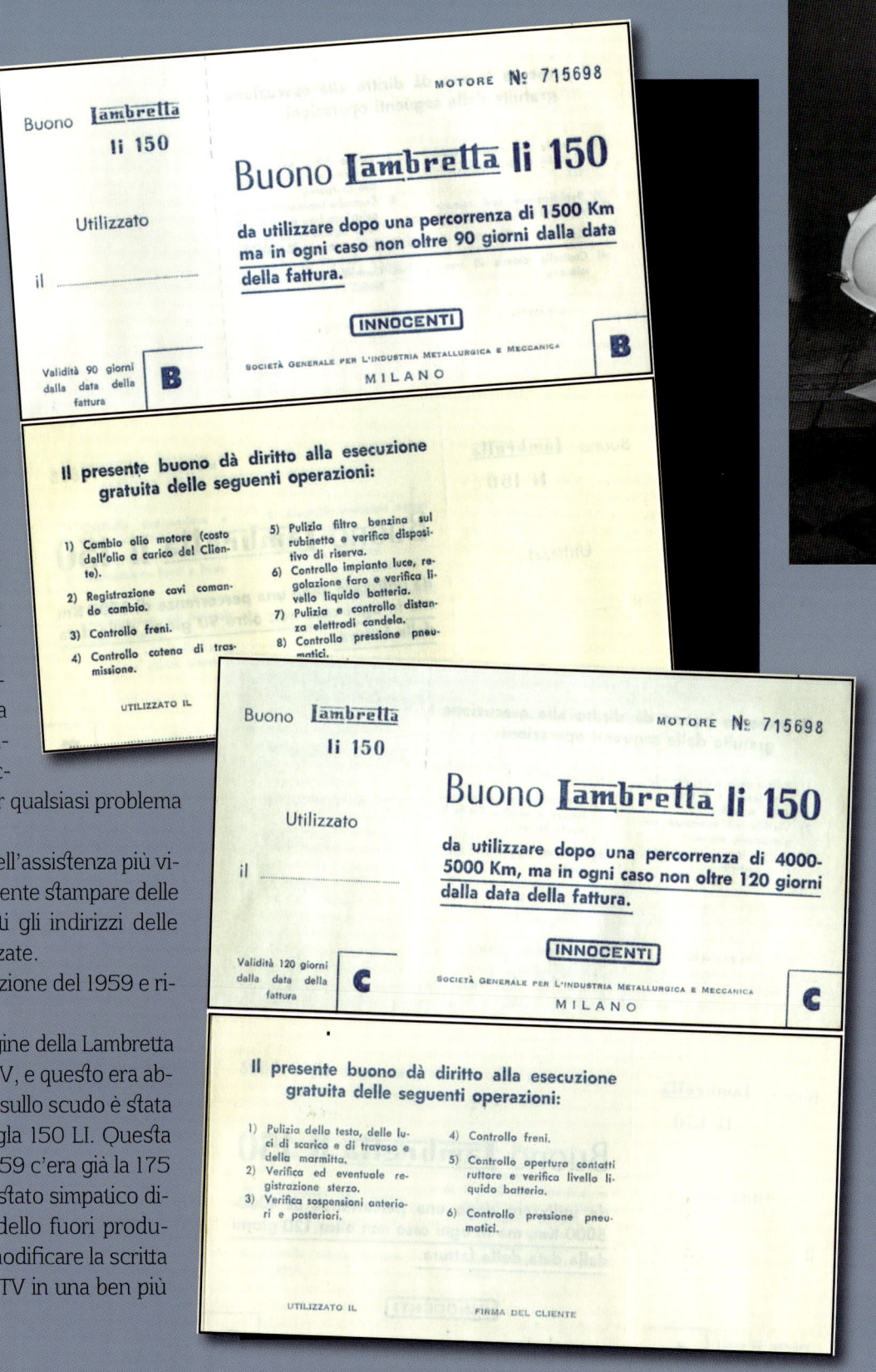

TV/LI

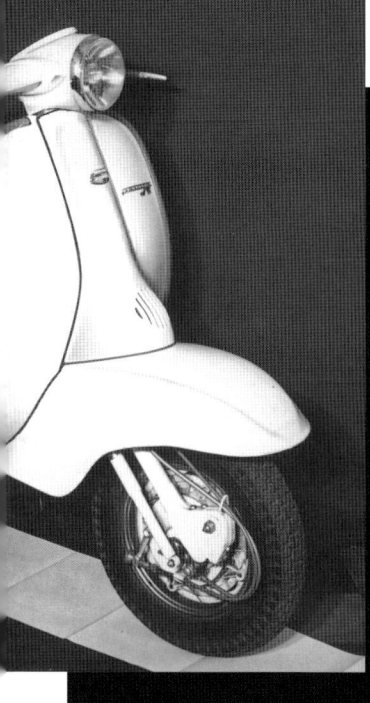

Prototipo 175 TV con faro al manubrio

Questo interessante prototipo è uno dei primi studi per il gruppo faro girevole al manubrio. In questo caso si era pensato anche all'eventuale predisposizione del contagiri, tipico strumento dei modelli più sportivi e corsaioli. Lo studio era stato realizzato su una TV della primissima serie, quella con la griglia claxon fissa e i cerchi cromati fino al bordo per le viti. Purtroppo non sono a conoscenza di chi avesse realizzato questo prototipo; il locale dove sono state scattate le due immagini non sembra faccia parte dello stabilimento Innocenti. È possibile che si tratti di una prova realizzata da azienda esterna che intendeva proporre alla Innocenti questo singolare prototipo di manubrio.

every corner of the world that dealt with guarantee issues and servicing.
An efficient and professional organization that gave the Lambrettista the sensation of being protected against any mechanical trouble and any problem that may have arisen.
In order to help clients find the nearest service point, Innocenti regularly printed maps listing the addresses of concessionaires and authorised workshops.
In this case the map of Italy was printed in 1959.
If you carefully observe the image of the Lambretta you will see that it is a 175 TV. While the model is easily identified, on the leg shield the displacement has been modified with the 150 LI script. This oddity is explained by the fact that the second series 175 TV had already been introduced in 1959 and it would have been counterproductive to distribute material illustrating a model no longer in production. It was therefore decided to modify the script and transform the beautiful, rare 175 TV into a far more common 150 LI!

Prototype 175 TV with headlight on the handlebar

This interesting prototype was one of the first studies for the headlight unit turning with the handlebar. In this case provision was also made for the addition of a rev-counter, the instrument typically fitted to the more sporting models. The study was based on a very early TV, the version with the fixed horn grille and the wheels chromed through to the rim for the fixing screws. Unfortunately, I do not know who built this prototype; the room where the two photos were taken does not seem to be part of the Innocenti factory. It was possibly created by an outside firm with the intention of proposing the unusual prototype handlebar to Innocenti.

Note sui numeri di telaio e di motore

Numeri di produzione 175 TV
Production figures 175 TV

Mese / Month	produz. production	Totale Total
1957		
sett. Sept.	35	35
ott. Oct.	218	253
nov. Nov.	460	713
dic. Dec.	412	1.125
1958		
gen. Jan.	944	2.069
feb. Feb.	1.001	3.070
mar. Mar.	980	4.050
apr. Apr.	967	5.017
mag. May	852	5.869
giu. June	926	6.795
lug. July	941	7.736
ago. Aug.	431	8.167
sett. Sept.	905	9.072
ott. Oct.	572	9.644
nov. Nov.	432	10.076
dic. Dec.	10	10.086
Totale produzione *Total production*		10.086

175 TV
N. di partenza:
Con la nascita di questo modello completamente nuovo, la Innocenti riparte dalla numerazione iniziale di 1.001 sia per il motore che per il telaio.

Coincidenza numeri Telaio/Motore:
Come per la Lambretta 125 A, anche la 175 TV riesce a mantenere una coincidenza "stretta" tra il numero di telaio e il numero di motore. Normalmente la differenza non supera le poche centinaia di unità e non è raro trovare gli stessi numeri sia al telaio che al motore. In pochi casi si sono verificate differenze che superano il migliaio di macchine.

Posizione e tipo di numerazione:
La punzonatura del numero di telaio è sotto il cofano destro, sulla parte orizzontale del telaio, sotto il serbatoio. Il motore è curiosamente punzonato sia sul carter motore che sul coperchio della trasmissione. Le sedi rettangolari che ospitano i numeri sono al centro dei carter, sopra la leva avviamento.
Sul telaio il prefisso è "175 TVS" mentre motore è "175 TV".

Rapporto n. di telaio e n. di produzione:
Il rapporto tra numeri di telaio e unità prodotte è assolutamente perfetto e proporzionato; avendo cura di sottrarre il numero iniziale 1.000 si può conoscere il mese di produzione con una certezza quasi assoluta. Infatti la produzione totale è stata di 10.089 e il numero più alto conosciuto si avvicina a 11.000.

175 TV
Initial numbering:
With the introduction of this completely new model, Innocenti started over with the starting number of 1.001 for both the engine and the frame.

Frame/Engine number coincidence:
As with the Lambretta 125 A, the 175 TV also succeeded in maintaining a "close" coincidence between the frame and engine numbers. Generally, the difference does not exceed a few hundred units and it is not rare to find the same number on the frame and engine. In just a few cases differences of over a thousand units have been found.

Position and type of numbering:
The stamping of the frame number is under the right-hand side panel, on the horizontal frame section, below the fuel tank.
Curiously, the engine is stamped on both the crankcase and the transmission cover. The rectangular panels that house the numbers are at the centre of the casings, over the starting lever. On the frame the prefix is "175 TVS" while on the engine it is "175 TV".

Frame n. and production n. relationship:
The relationship between frame numbers and units produced is absolutely perfect and proportionate: remembering to subtract the starting number 1.000 one may calculate the build month with almost absolute certainty. In fact, the production total was 10,089 and the highest known number is close to 11.000.

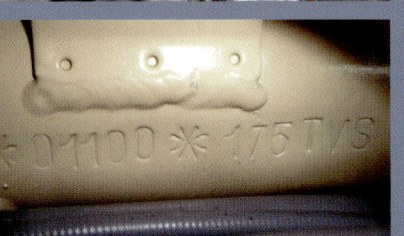

TV/LI

Notes on frame and engine numbers

125 LI

N. di partenza:
Come già accennato per la 150 LI, la numerazione del telaio della nuova 125 LI viene accorpata a quella della 150. Considerando che la produzione della 125 è partita due mesi dopo la 150, si può considerare il numero di partenza del telaio di 508.000.
Fortunatamente il numero di motore è specifico e parte dal prefisso 500.001.
In teoria la numerazione del telaio della 125 LI non dovrebbe superare i 660.000 ma invece sono capitati casi certi di numeri di telaio molto alti che superano di poco i 700.000; è un mistero che non si è ancora riusciti a risolvere, ma speriamo in un futuro prossimo di trovare la soluzione anche a questa strana incongruenza.

Coincidenza numeri Telaio/Motore:
Vale lo stesso discorso della 150 LI; avendo i numeri di telaio con il medesimo prefisso di partenza 500.001, non è possibile determinare una progressione omogenea rispetto ai numeri di motore.

Posizione e tipo di numerazione:
La punzonatura del numero di telaio è sotto il cofano destro, sulla parte orizzontale del telaio, sotto il serbatoio. La posizione del numero di motore è nella parte posteriore del carter, seminascosta dal tirante comando marce. Il prefisso del numero, sia per il telaio che per il motore, è sempre "125 LI".

Rapporto n. di telaio e n. di produzione:
Per trovare un giusto rapporto tra i consuntivi di produzione e la propria Lambretta è opportuno non utilizzare il numero di telaio ma quello del motore, che per la 125 LI ha un prefisso dedicato di 500.001.
Verificato che la produzione totale è stata di 47.747 macchine e che il numero di motore più alto conosciuto supera di poco gli 546.000, è evidente che la progressione produzione/motore è corretta e quindi la ricerca del mese di costruzione sarà sicuramente esatta.

125 LI

Initial numbering:
As previously stated with regard to the 150 LI, the frame numbering of the new 125 LI was incorporated with that of the 150. Given that production of the 125 started two months after the 150, a starting frame number of 508.000 may be estimated.
Fortunately, the engine number was specific and started from 500.001.
In theory, the frame numbering of the 125 LI ought not to exceed 660.000, instead there are certain cases of very high frame numbers of just over 700.000. This is a mystery that has yet to be resolved, although we still hope to find a solution to what is an unusual anomaly.

Frame/Engine number coincidence:
The 150 LI situation is repeated here; with the frame numbers having the same starting number of 500.001, it is not possible to find a homogeneous progression with respect to the engine numbers.

Position and type of numbering:
The stamping of the frame number is under the right-hand side panel, on the horizontal frame section, below the fuel tank. The engine number is instead located on the rear of the crankcase, partly concealed by the gearshift rod.
The same "125 LI" prefix accompanies both the frame and engine numbers.

Frame n. and production n. relationship:
In order to find a meaningful relationship between the production records and a particular Lambretta, rather than the frame number it would be more useful to use the engine number that in the case of the 125 LI has a dedicated prefix of 500.001.
Given that production totalled 47,747 machines and the highest known engine number is just over 546.000, it is clear that the production/engine number progression is correct and therefore your build month research will be reliable.

Numeri di produzione 125 LI
Production figures 125 LI

Mese / Month	produz. / production	Totale / Total
1958		
giu. / June	651	651
lug. / July	3.264	3.915
ago. / Aug.	1.643	5.558
sett. / Sept.	3.708	9.266
ott. / Oct.	4.774	14.040
nov. / Nov.	3.848	17.888
dic. / Dec.	2.921	20.809
1959		
gen. / Jan.	3.752	24.561
feb. / Feb.	4.707	29.268
mar. / Mar.	2.170	31.438
apr. / Apr.	1.395	32.833
mag. / May	1.161	33.994
giu. / June	3.142	37.136
lug. / July	4.027	41.163
ago. / Aug.	1.535	42.698
sett. / Sept.	5.047	47.745
ott. / Oct.	2	47.747
Totale produzione / Total production		**47.747**

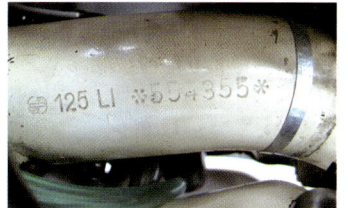

Numeri di produzione 150 LI
Production figures 150 LI

Mese / Month	produz. production	Totale Total
1958		
apr. / Apr.	772	772
mag. / May	4.647	5.419
giu. / June	5.456	10.875
lug. / July	7.594	18.469
ago. / Aug.	3.847	22.316
set. / Sept.	6.397	28.713
ott. / Oct.	4.726	33.439
nov. / Nov.	4.086	37.525
dic. / Dec.	4.399	41.924
1959		
gen. / Jan.	6.973	48.897
feb. / Feb.	5.650	54.547
mar. / Mar.	7.988	62.535
apr. / Apr.	8.776	71.311
mag. / May	9.607	80.918
giu. / June	7.883	88.801
lug. / July	6.180	94.981
ago. / Aug.	4.149	99.130
set. / Sept.	7.390	106.520
ott. / Oct.	2.464	108.984
ott. / Oct.	1.960	110.944
smontate per India / dismantled for India		

Totale produzione / Total production: 119.044

150 LI

N. di partenza:
Con la nuova serie LI la Innocenti ritorna alla confusione del passato iniziando la numerazione con il numero 500.0001, che sarà poi utilizzato anche per la 125 LI!
Per i motore viene invece adottata una numerazione specifica: 700.001.
Si sono trovati esemplari di fine produzione con la numerazione di telaio e motore di poco superiore a 800.000. Sono numeri corretti e verificati ed è quindi reale la possibilità che le ultime 150 LI I serie possano avere questi numeri molto vicini a quello della II serie. Rimane comunque un mistero questo salto di numeri da 650.000 circa a 800.000.

Posizione e tipo di numerazione:
La punzonatura del numero di telaio è sotto il cofano destro, sulla parte orizzontale del telaio, sotto il serbatoio. La posizione del numero di motore è nella parte posteriore del carter, seminascosta dal tirante comando marce.
Per ben tre volte è stata cambiata la base dove punzonare i numeri di motore: per la primissima produzione (poche centinaia di unità) la base è stretta, per la produzione successiva (poche migliaia di unità) la base è larga e prevede una doppia linea di punzonatura (mai utilizzata) e infine, per tutta la produzione seguente, la base ritorna stretta ad una un sola linea di punzonatura.
Sul telaio e sul motore il prefisso è sempre "150LI".

Coincidenza numeri Telaio/Motore:
Inizialmente la numerazione telaio/motore va di pari passo in maniera abbastanza omogenea ma poi, da quando viene introdotta la nuova 125 LI (che ha la stessa numerazione della 150), non sarà più possibile trovare una corretta corrispondenza tra i numeri di motore e di telaio.
Alcuni esempi. Nel caso di 150 LI prima produzione si possono presentare questi casi: T.500.330 e M.700.250 oppure T.509.000 e M.710.000; a metà produzione, quando viene inserita anche la 125, si hanno variazioni molto elevate: T.572.000 e M.747.000 oppure T.617.000 e M.778.000.

Rapporto n. di telaio e n. di produzione:
Per trovare un giusto rapporto tra i consuntivi di produzione e la propria Lambretta è opportuno non utilizzare il numero di telaio ma il numero di motore, che per la 150 LI ha un prefisso dedicato di 700.001.
Verificato che la produzione totale è stata di 108.984 macchine e che il numero di motore più alto conosciuto supera di poco gli 806.000, è evidente che la progressione produzione/motore è corretta e quindi la ricerca del mese di costruzione sarà sicuramente esatta.

150 LI

Initial numbering:
With the new LI series, Innocenti returned to the confusion of the past starting the numbering from 500.0001, which was then to be used on the 125 LI!
The engine instead adopted a specific numbering pattern: 700.001.
Late production examples have been found with frame and engine numbers just over 800.000. The numbers are correct and verified and there is therefore a real possibility that the final examples of the Series I 150 LI may have numbers very close those of the Series II. The leap from around 650.000 to 800.000 remains, however, a mystery.

Position and type of numbering:
The stamping of the frame number is under the right-hand side panel, on the horizontal frame section, below the fuel tank. The engine is instead located on the rear of the crankcase, partly concealed by the gearshift rod.
The base where the engine numbers were stamped was changed no less than three times: on the earliest examples (a few hundred units) the base is narrow, while on the following batches (a few thousand units), the base is wide and provides for a double line of stamping (never used) and lastly, throughout the rest of the production run the base was again narrow with a single line of stamping. The same "150 LI" prefix accompanies both the frame and engine numbers.

Frame/Engine number coincidence:
Initially, the frame/engine numbering was fairly closely matched, at least until the introduction of the new 125 LI (which had the same numbering as the 150) when it was no longer possible to find any significant correspondence between engine and frame numbers.
A number of examples: in the case of early examples of the 150 LI: F.500.330 and E.700.250 or F.509.000 and M.710.000; mid-way through the production run, with the introduction of the 125, there were major differences: F.572.000 and E.747.000 or F.617.000 and E.778.000.

Frame n. and production n. relationship:
In order to find a meaningful relationship between the production records and your own Lambretta rather than the frame number it would be more useful to use the engine number that in the case of the 150 LI has a dedicated prefix of 700.001.
Given that production totalled 108,984 machines and the highest known engine number is just over 806.000, it is clear that the production/engine number progression is correct and therefore your build month research will be reliabl.